JN200674

四十八願講話［上］

新装版

蜂屋賢喜代

法藏館

目次

上巻

下巻

＊本書は、一九五一年三月から一九五三年三月までの二十五回にわたる講話の筆録を元に、一九八〇年に弊社より刊行されました。
今日の人権意識に照らして好ましくない表現が見られますが、原文の時代背景や著者が差別を助長する意図で使用していないこと、著者が故人となっていることなどを考慮し原文のままといたしました。

一　抜苦与楽分

国中人天の願

四十八願というと簡単なようでありますけれども、話をする方にして見ますと、難かしい気の張ることでありましてとても十分に私共には話ができんと思いますけれども、大事な御本願でありますから、私ももう一度、命のある間に味わわせていただくことも結構であります。だからわからんことは誤魔化すかも知れませんし、大事なところは自分の精一杯味わっておるところをお話しようかと思っておるのであります。

『大経』に「光顔巍巍」という偈文がありまして、それを御本願をお立てになります総願といいます。四十八願を別願と申して、それを細かに別けて釈尊はお話になります。四十八にもなるから、もう一つわかりよく三つに別けて『三誓偈』という偈文が終りにあります。その三つを照らし合わして味わって行くとよいと思います。

ところで願の手前にある文をちょっと申します。

仏《ぶつ》、比丘《びく》につげたまはく、なんぢ、いまとくべし、よろしくしるべし。これときなり。一切大衆《だいしゅ》を発起悦可《ほっきえつか》せしめよ。（金子大栄編『原典校註真宗聖典』一四頁、以下頁数のみ記す）

話をして皆を悦ばせよ、とおっしゃると、

菩薩《ぼさつ》ききおはりて、この法《ほう》を修行《しゆぎよう》して、よて無量《むりよう》の大願《だいがん》を満足《まんぞく》することをいたさん。(一四)

聞いておる菩薩方が皆それを御縁として、また外の菩薩も願をお発しになろうから、結構なことだ。だから、自分の思っておることを皆言えとおっしゃるので、法蔵比丘は、

比丘、仏にまふさく、やや聴察《ちようさつ》をたれたまへ。わが所願《しよがん》のごとく、まさにつぶさにこれをとくべし。(一五)

と言って、練りに練った四十八の本願を述べていかれるのであります。

そのうち、第一願は国ということを申しておられるのですが、第二願から第十一願までは、それぞれ願文に「国中人天」とあります。つまり、その国の中の人々にかくかくの幸せにさせてやりたいということが願われているのです。従って、これだけが、ひとまとめになるのであります。

第一願　無三悪趣《むさんあくしゆ》の願《がん》

たとひ、われ仏をえたらんに、くにに地獄《ぢごく》餓鬼《がき》畜生《ちくしよう》あらば、正覚《しようがく》をとらじ。(一五)

第一が無三悪趣の願というのであります。「たとひ、われ仏をえたらんに」というのは、まだ得ておらないけれども、私が修行して、仏になったならば、ということで「願」です。「正覚をとらじ」それができなんだら仏にならん、というのが「誓」です。我国には地獄・餓鬼・畜生があるようなことならば正覚を取らん。これは、前の総願のところに、

わが作仏《さぶつ》の国土《こくど》をして、第一ならしめん。(一二)

私が仏になったらその国を第一に立派なものにいたしてそうしてそこへ衆生を迎え往生させてやりたい。そこで苦しき者が安楽になり、不幸なものが幸福になるという御自身の国の建設でありまして、私共のおる国は、非常に苦しいことがたくさんありますから、願わくはよい国をこしらえてそこへ迎えとってやりたいという願であります。我国には、地獄・餓鬼・畜生の三つの悪いところのないようにしたい、それが浄土とか極楽とかいう名で呼ばれております。

先ず成就の文というのがあります。この願い事ができ上っておるということが証明されておるというのが成就の文というのであります。

また地獄《ぢごく》・餓鬼《がき》・畜生《ちくしょう》、諸難《しょなん》の趣《しゅ》なし。（二八）

とあります。諸々の難、趣というのは道とか集まるとかいうような意味で、その種類といってもよろしいが、そういう物柄はないということで、本願では、地獄・餓鬼・畜生あらば正覚を取らじ、地獄・餓鬼・畜生というものはないという国柄にいたしたいというのです。此の世界には畜生だけは見えておるようです。猫や犬がおりますから、餓鬼は見えんし、地獄も見えんのです。しかしそれはどこかにあるだろうと昔から思っておるのですが、地獄・餓鬼・畜生がない国をこしらえる位では大したことじゃないと思うのです。五劫の長い間考えて、永劫の間修行されて、そうして四十八願の一つに、地獄・餓鬼・畜生がないようにいたしたい、大層そうなことだなと思うのですが、又よく考えて見ると非常に意味の深いことでありまして、まあ苦しんでいるものがないようにいたしたいということなんです。そうするとえらいことです。此の世界は、人間お互いに苦しんでおるし、畜生も苦しんでおるし、見えんけれども、餓鬼も地獄も皆苦しんでおるのですから、畜生を始めとして餓鬼も地獄もないということは、一切苦しんでおるものがないようにしたい。「諸難の趣なし」地獄・餓鬼・畜生という三つのみならず、いろいろな難儀で苦しんでおるというようなものはないようにいたしたいということですな。それはえらいことであります。五劫に思惟し兆載永劫に御修行あらせられたということも、なるほどなとうかがわれることであります。

大体、畜生というのは、自分の生命を人に托しておるので自由がない。犬、猫、馬、牛というような種類のものは自分の生活、自分の生命、自分の自由を人に握られておる、それが畜生の苦しみというものであります。行こうと思っても綱があったり柵があったり、食いたいと思っても貰うものより食えない。人間ならば好きなものを食べる、電車に乗って行きたいところへ行ける、少々できんことがあるけれども、だいたいできるようにできておる。まあ生活の自由がなく、生命を握られておるというのが畜生の苦しみというのであります。

餓鬼は、渇しておるので欲しい欲しいと思っても得ることができない。そういう一種類のものがある。

地獄は一番ひどいところで、いろいろな説明がありますが、不幸と苦しみの一番ひどいところで苦しみの断え間がない。無間地獄という世界でありまして、朝も昼も晩も、五年でも十年でも苦しみ続けておる。

地獄・餓鬼・畜生といったら一番苦しんでおるものでありまして、お互い人間でも地獄・餓鬼・

畜生の一丁目位におるので、苦楽相半ばするのが人間といいます。不自由なこともあり、苦しいこともあるけれども、少し位は息が出来ることもあるのです。

天台の学問なんかでは、十界といいますが、十界は、地獄・餓鬼・畜生・阿修羅・人間・天人・声聞・縁覚・菩薩・仏でありますが、地獄にも十界あり、餓鬼にも十界あり、したがって人間にもその十界があるということを教えられますから、人間以外にそういうものがあるのでなくして、われわれ人間の中にも地獄もあり餓鬼もあり畜生もあり、天人のような人間以上の幸せな人もあり仏のような人もあり、菩薩のような人もあって、これを十界互具というのですが、阿弥陀如来の御本願は十方衆生ですから犬、畜生にも皆慈悲が及んでおるのですけれども、われわれとしては人間中心、凡夫中心で、悩んでおる私共を助けたいというのが御本願です。愚悪の凡夫を救いたいというのが中心でありますから、地獄のような苦しみ、餓鬼のような苦しみ、畜生のような苦しみに苦しむような者が、一人でも国にあるというようなそんな国はつくりたくない。今、人間は苦楽半ばするると申しましたが、私がいつも言う、苦しいというのは、この三つのうちどれかにはいっておるので、畜生のように自由が得られん、女に生れて、むずかしいおやじに遇うて自由に行けん、あるいは奴隷生活のようなことで生命まで握られておる。いくらでも反省したらそんなものがあります。会社員になってみてもそうでありまして、自分の生活、生命というものが自由にならないような苦しみ、それが人間の畜生的苦しみを持っておるわけであります。自由が求められ解放が叫ばれるのはそのためです。

餓鬼は、この頃餓鬼の声が盛んで、月給を上げてくれとか、ボーナスが少ないとかいってストライキをする。儲からん儲からんといってガツガツしておる。家庭のうちにも餓鬼がおり、家庭の外にも餓鬼がおるという状態であります。

地獄の苦しみ、われわれ夜が昼やら昼が夜やら、苦しみが無間であるという地獄のような苦しみをしておるのでありますから、死んでからひょこんとして、そういう世界があるというのでなくして、実は、この地獄・餓鬼・畜生のような系統の苦しみをしておる者のないような国をつくりたい。だから如来の国にまいれば一切の苦しみはなくなるということであります。それを極楽という。

経典には、如来の御国は、

ただ自然《じねん》快楽《けらく》のこゑのみあり。このゆへにその国をなづけて安楽《あんらく》といふ。（三六）

と『大経』にありますから、その国を安楽というのは何かというと、もう自然快楽のこえ、快びの声ばかりあって苦しみの声はない。今われわれは苦しみの声ばかり皆聞かされておる。『阿弥陀経』には、

もろもろの苦《く》あることなし、ただもろもろの楽《らく》をうく、かるがゆへに極楽《ごくらく》となづく。（一〇）

と言ってある。どうも私どもそういうことが望ましいのです。本当言えば、この世界はつまらん、苦の娑婆だなんていって嫌がります。けれども、実際はこの娑婆にありまして、こういう言葉を聞くというと、地獄・餓鬼・畜生、諸々の苦のない国、それこそ私どもの憧れの国、そうなりたい、だから私らを助けるために、そういう国をまずつくりたい、こういうのが第一願であります。

法然上人あたりにきますと、第十八の本願、衆生を助けて下さる御本願、それが一番大事であって、外の願は皆欣慕の願、欣慕というのは、そういう国がありますが、そうなりたいがと慕い願うのであります。そうなりたいな、と願う、そう思えば思うほど、第十八願の本願のように念仏を信じ助かるようにという、信心とか念仏とかいう問題が出て来るのです。第十八の本願に相応することが大事である。如何にもそれもそうでありましょう。普通に浄土宗のお話を聞いたり、普通に真宗のお話を聞いたりしておると、地獄・餓鬼・畜生がないそういう国があるのだ、そこへまいりたい、というように勧めておられます。けれども必ずしもそうじゃなかろうと私は思うのでありまして、国といえば、如来の国といえばどこにあるかわかりませんけれども、その国に生まれれば地獄・餓鬼・畜生というものがないというようにして下さる。もっと言うならば、信心喜ぶ身の上になったら、地獄・餓鬼・畜生も問題にならなくなる。地獄・餓鬼・畜生があろうがなかろうがそういうことが問題にならなくなる。そういう心の国に生まれるようになるのだ。これは信心の人の境地で、信心の人はこういう心持ちにさせてやりたい、ということになって来るようであります。

死んでから地獄・餓鬼・畜生のないところへまいらしてもらうと喜んでおっても差支えはない。けれどももう少し引き寄せて、信心を喜ぶようになり、念仏される身になるというと、自分の心には地獄の国がない、餓鬼の国がない、畜生の国がなくて、如来の国に生れさしていただきましたという、そういう者にさせてやりたいというのが、本当の仏様のお心で、そのお心から、我国には地獄・餓鬼・畜生というものはないのだ、苦しみの種族というものはないのだ、とおっしゃった。それは、信心を得て如来の国に生まれたときに、そういうことができるような境界にさしてやりたいのだということであります。そういう幸せ者にしたい、信心を得た者はいわゆる三悪道の苦しみのない身にさせてやりたいということでありますから、大悲大願の大きなおぼしめしで、四十八願の第一、無三悪趣の願は、非常に意味の深い尊い御本願であるということを味わわせてもらう次第であります。

第二願　不更悪趣《ふきょうあくしゅ》の願《がん》

たとひ、われ仏をえたらんに、国中《こくちゅう》の人天《にんでん》、寿終之後《じゅじゅしご》にまた三悪道《さんあくどう》にかへらば正覚をとらじ。（一五）

仏が誓われるには、国というのは、彼の国とか、浄土とか極楽とか、普通言っております如来の国です。我国に生まれた人天、人間でもよろしい、寿終わって後、復三悪道に更《かえ》らば正覚を取らじ、仏国に生まれた人間を人天といわれるのですが、わけて言えば人間、天人ということです。浄土の人間、人民といってもよいのです。自分の寿命が終わってのち再び地獄・餓鬼・畜生という三悪道へ生まれるとか、又再び更えるというようなことになる。よくいわれますが、この人間が死んだら三悪道へ行くかもしれん、しかし極楽浄土というところは、いっぺん生まれたら三悪道へ更って生まれるということは更にない。そう言えば、そういう国に生まれたいなと欣慕する心が起こる、だから欣慕の願とおっしゃるのです。三悪道という悪趣へもう生まれ更わるということはない、金持になっても貧乏になりはせんかという心配があっては安心でもなく幸福でもありません、ないようなものです。そんな国に我国がならない以上は仏にはならん。それだからこれを不更悪趣の願と申します。そういうところへ行けば甚だ結構なんで、私共は三悪道へ更わりそうでありますが、極楽へ行けばもう更わらん、そんなら如来の国へ生まれたいものでございます。どうして生まれたらよいでしょうか、という願いが起こって来るわけです。

ところで、この第二から第十一の本願まで「国中人天」、「国中人天」とあります。これは如来の国の人民ということです。本当は聖聚というのですが、人天とか、人民と言ってもらう方がわかりますからこういう言葉を使ってあるのです。如来の国に生まれた者は、もう滅多に、一番苦しい地獄・餓鬼・畜生という三悪道には生まれ更わるという心配はない。普通のいわば極楽の幸せ、国だけでなしに人間の幸せを願ってある。ところがじっと見ますと、極楽に往ってからは無量寿になるのでありますから、ここには寿終わるとか死ぬとかいうことがないから、もし寿終わるということがあれば生死の世界であって、決して幸せの世界でないじゃないかと思う。寿終わってから後再び悪趣に更わるということはないようにしてやりたい、これはおかしいです。じっといただいておると、やはり国中人天ということは、実は信心の人ということですな。信心の人が如来の国へ生まれるのだから、此の世におる人が寿が終わってから又三悪道に更るというようなことはない。こういう意味だろうと思うのです。特に真宗では、往生即成仏といって、極楽に往生すると説くこともあるけれども、極楽に往生すると直ぐ仏になってしまうというのですから、それなら無量寿なんです。だから我国に生まれて来た人民は、「寿終るというようなこと」はないはずでありますから、これも信心によって如来の国に生まれた人、この世のわれわれ信心の人ということをおっしゃるのだと味わうべきかと思うのであります。親鸞聖人は黙っておられますけれども、十一の本願から拝見すればわかるので、第十一の本願は、

たとひ、われ仏をえたらんに、国中《こくちゅう》の人天、定聚《じょうじゅ》に住《じゅう》し、かならず滅度《めつど》にいたらずば、正覚《しょうがく》をとらじ。(一六)

必至滅度の願というのでありますが、これは死んでから行く、極楽の国中人天かと思うと、聖人は、正定聚に住するということは、此の世の上において信心を得た人が正定聚に住し必ず滅度に至る。親鸞聖人以前では、国中の人天定聚に住しと書いてあるから、正定聚になるということは、それは死んでから、極楽にまいってからのこと、極楽にまいってから又聴聞をし、教えを受けて、それから長いことたって仏になる、それは『観経』なんかの説き方であって方便の意味である。『大無量寿経』のお心から言えば、真実信心の行人は、摂取不捨の故に正定聚に住す、とおっしゃるのですから、この身をもって正定聚の位に定めて下さる。不退転に住するということも死んでからのことではない、と本願をいただかれたのが、親鸞聖人の見方である。というところから見ますと、この十願の中に、国中人天とおっしゃることが、死んでから如来の国に生まれてからの話でなくして、此の世のことであり、信心の上のことであるということを推し測ることが十分できるわけでありります。死んでから極楽へまいって、寿が終わって三悪道へ更わるということはないと味わって喜んでおってもよいけれども、本当は信心の人ということでありまして、国の中の人天、これは後に国中

声聞、国中菩薩という言葉も出ますけれども、それは此の世で言うておる、人間、天人、声聞、菩薩という言葉になぞらえてお使いになった御文であると見られたものであります。それは曇鸞大師以後、そういうことがはっきり言って下さっておるのです。だから、国中人天というのは、信心を得て我国の人となってしまえば、その寿が終わっても三悪道には更えらんとおっしゃるのですから、あのお文に、蓮如上人は、信心を得れば、

いかに地獄へおちんとおもふとも、弥陀如来の摂取《せっしゅ》の光明におさめとられまいらせたらん身は、わがはからひにて地獄へもおちずして極楽にまいるべき身なるがゆへなり。（二帖目四通・九五〇）

と、この信心を得られたのは、この願力によるわけであって、もう三悪道に更えることがないのです。信心の人は、そういう身の上にしてやるということなんでありまして、『大経』では、「悪趣自然にとづ」（五四）とあります。信心の人には、もろもろの悪趣へ行く道をふさいで下さる。自分の自力で行こうと思っても、地獄・餓鬼・畜生に行けないで、やむを得ず極楽にまいるべきなり、この願力によって行くのであります。

この御本願が本当に成就したので『大経』には「悪趣に更らず」という言葉があります。成就の文は下巻にありまして、

不更悪趣《ふきょうあくしゅ》（四八）

とある。その前に、

また、かの菩薩乃至成仏《ぼさつないしじょうぶつ》まで。（四八）

とありますから、極楽の中の菩薩というように見えますけれども、信心を得た必定の菩薩ということだろうと思います。必定の菩薩、信心の人となると、それが乃至成仏まで、即ち死ぬまでといってもよいのです。仏になるまでもう悪趣には更えらん、というのが第二不更悪趣の願成就であります。

第三願　悉皆金色《しっかいこんじき》の願《がん》

たとひ、われ仏をえたらんに、国中の人天、ことごとく真金色《しんこんじき》ならずば、正覚《しょうがく》をとらじ。(一五)

真金色、これはインドだからこういうのでしょう。身の色は、黒い色、白い色、樺色いろいろあるでしょうが、結局仏様は真金色で、如来の国に生まれた者はことごとく真金色の身になる。今でも、どうも色が黒いからというので白粉を塗ったり赤いものを塗ったりする、何とかよいものに見せたいというのが人間の苦しみであります。白いといっても白いともいえんし赤いともいえんし桃色ともいえんし実に艶々とした非常にきれいな身、そういうものになりたいのが人間の願いであり、なれんのが苦しみである。自分の身というものを立派な色の者にしたいという願いがある。我国に来た者はみんな悉く一人として醜い者はなし、真金色、インドでは金色というのが非常に美人になっておりますから、そういうことになさねばおかん。これを悉皆金色の願といいます。

しかし、この願の真の意味を考えるならば真金色というのも、身の色ということではないと思うのです。身の色になぞらえてある。こんな色というものは、今アメリカなんかやかましく言うように、色の種類で、日本人は黄色だとか、インド人は黒だとか、ヨーロッパ人は白だとか色によって差別すべきでない、こういうような問題がある。けれどもこれと同じように、信心を得た人は、平たい顔の人も、頭の禿げた人も、顔のゆがんだ人もあるかも知らんが、信心を喜ぶようになるとみんな同じように美人になる。ということは、そのことがもう自分の苦にならない。蓮如上人は、信心の人は、見ればすなわち尊くなる、これ、その人貴きにあらずして念仏のお徳が貴いのである。せむしのような恰好で半分くだけたような顔をしておる、きたないむさくるしい爺さん婆さんであっても、どれも真金色に見える。お経には、香光荘厳とおっしゃる。それが『御和讃』には、

染香人《ぜんこう》のその身には　香気《こうげ》あるがごとくなり

これをすなはちなづけてぞ　香光荘厳《こうこうしょうごん》とまふすなる。（五三二）

とありますが、何か香りがするような尊さ、何か皮膚の色艶が真金色というような尊い、光を放つようなものになる、自分のすがたに泣いたり卑下したりせんような喜びにならしめて下さる。わしの国に生まれた者、信心を得た者は悉く真金色ならしめねばおかんとおっしゃることは大変意味の深いことではなかろうかと思うのです。自ら軽んじて人後これを軽しむ、自分の色艶が悪いと気になれば信心を得よ、西洋にもそういうことがある。本当に美人になるというのは信仰を得ることだ、何ぼ美人で額もよし目も可愛らしい口も愛嬌があるという、けれども欲ふかき心を起こして地獄のような苦しみをしたり餓鬼のようにガツガツしたり――天台の学問では、地獄というのは愚痴、餓鬼は瞋恚、畜生は貪欲というようにあてはめていますーー寝ても起きても腹を立てておると苦の絶

間のない地獄の苦しみをせんならん。貪欲で争奪闘争の苦をなめたり、物欲しくガツガツして渇して餓鬼では水を飲もうとすると火になる、愚痴でものの道理がわからずいらん心配をしておると地獄・畜生の苦しみがあるのだ、というようなことを天台の学問では言っておりますが、そういう人は真金色ではない。たといまずい顔、きたない風采であっても信心のある人は、わしは天下の一番幸せ者である、人様の風采に比べたら乞食みたいですけれども、そんなお婆さんを私は知っております。何か光を放っておるように見える、これが真金色なんです。悉皆金色の本願がその人の上に成就して、自ら喜んでおるから、自分は貧乏でございます。へちゃでございます、私は無学の者ではずかしゅうございます。と自分を悔んでおれば迷いというものでありますが、悔んでおるのでない、謙遜しておるけれども、御本願を喜ぶ我が身を喜び、にこにこしておる人はいつの間にか真金色になる。非常に顔形がよい、立派な風采をしておっても、その人が貪欲がひどかったり、愚痴ばかり言っておって、餓鬼のような根性があったり畜生のような心が取れない人は、じっと見ておると胸が悪くなるようで、それは真金色ではない。悉く真金色ならしめてやるとおっしゃることは、本当に、信心を得る人のことである。この世界にあって仏様の世界に生まれさせてもらう。信心を得る人は、本当に真金色になると思うのです。

悉皆金色の願成就は、上巻に、

阿難《あなん》、かの仏国土《ぶっこくど》に、もろもろの往生するものは、かくのごときの清浄色身《しょうじょうしきしん》、諸妙音声《しょみょうおんじょう》、神通功徳《じんづうくどく》を具足《ぐそく》す（三六）

とありまして、必ずしも金の色ということは書いてないのです。その国に往生し、その国の者となったものは、清浄の色身、清らかな非常に美しい身となる。声もきれいだ、そして神通ですから心のはたらき、功徳をちゃんと身に具えるようになっておるということが、悉皆金色の願の御成就の御文になっておりますから、必ずしも黄い金色ということではないことは、これでもわかるのです。唯清らかに感ずる立派に感ずる、喋っておってもその声も美しく感ずる、その人の心の動きというものも非常に立派になる。そういう功徳をいただくようになることが、これが金色の願の成就した有様であると釈尊が解釈をしておられるのであります。

第四願　無《む》有《う》好《こう》醜《しゅ》の願《がん》

たとひ、われ仏をえたらんに、国中の人天、形色不同《ぎょうしきふどう》にして、好醜《こうしゅ》あらば、正覚《しょうがく》をとらじ。（一五）

先には国を誓われましたが、今度はその中の人間の問題について誓いを立てられるのであります。これからずっとあるのですが、まず、無有好醜の願、これは色だけでなしに恰好が美人とか醜いとかいうようなものがないことにしたい。

お前らは醜いということで非常に苦にしている。髪一つちじれているというところ、白髪一つを心配している。背丈が低いとか首が短いとかいろんなことで少なからず泣いて苦しんでいるのでありますが、設い我仏を得んに国の中の人天、形色不同にして、人間世界には不同があります。好醜あらば正覚を取らじ。醜いものとみよいものとあるというような、そういう人間がないようにしたい。

われわれはなかなか自分のみめ形というものに苦労するもので、女の方は特にそうでしょう。実際苦労せざるを得んので、人間というものは、人相で裁かれるので、腕のある人でも人相が悪いので上に上れん人があったり、立派な色なり形に生まれた人は何割か得があることでしょう。だからみんながよい人相を欲しがるのですが、設い我仏を得んに国の中の人天、形色不同にして好醜有らば、正覚を取らじとおっしゃる。私は若い時にそう思った。同じ人間ばかりおったらしようがないものだろう、変わっておってこそよい、極楽へ行ったら長い顔ばかり、平たい顔ばかりかしれん、同じでは困る。いつでも同じ同じと書いてあるけれども、実はこの不同というところに皆悩んでおるのです。いい方だったら悩まないのですけれども、自分の悪い点で悩んでおるので、あまり立派な顔をしておるものはないものですね。私は電車の中で、人の顔を見るのが好きで、顔を見ておるのですが、うまい目なり眉、鼻、口のついた顔はないかと探しておるのですがないですな。出歯であったり、鼻が上に向いていたり、眉が上っていたり下っていたり変な顔をしております。幸い自分の顔は見えんものだから自分だけ満足な顔のように思って人の顔ばかり批評しておるのですが、何とかしてよく見せたいと思って、毛を別けて見たり、様々になぶって非常に苦労しておるのです。だからそんな苦労をせんでもよいということです。そうすると好醜があり、不同があり、見よい醜いがあるならば、そこへ行っても一向有難くないのですから、そういう極楽へやってもらうなら有難い有難いと思う。そこへ私共のおろかものを引っ張ってやらなければならん。仏さんもなかなか手がこんで、まあ四十八願を立てんならんようになるのです。
この成就の文は、上巻に、
ただ余方《よほう》に因順《いんじゅん》するがゆへに天・人の名《な》あり。(三六)
如来の国にも、今天人とか声聞とか菩薩とかいうけれども、それは私共に解かるように、此の世界に、人間があり畜生があり天人があり声聞があり菩薩があるから、それになぞらえて言うことです。仮りにそういう名をつけて呼んでおるのだ、ということで、唯余方、仏国浄土から言うのですから、この娑婆なんかです。因順、因はある、順はしたがうですから、余方にしたがって人天という名をもって呼ぶのだ、仏国に人間がおるだろうか、それだったら厄も病も死苦もあるであろうから、それは、ちっとも結構ということはできない。と考えるであろうと思ってことわっておられるのです。
お経には、
そのもろもろの声聞《しょうもん》・菩薩《ぼさつ》・天・人は智慧高明《こうみょう》、神通洞達《じんづうどうだつ》せり。咸同一類《げんどういちるい》にしてかたちに異状《いじょう》なし。(三六)
本当は聖聚という方がよいのですれどもわかりよいように、余方に因順するが故に天人の名あり。それ位でよいでしょう。
顔貌端正《げんみょうたんじょう》にして、超世希有《ちょうせけう》なり。(三六)
とあります。顔貌は、顔形です。端正というのは正しい、目なり鼻なり恰好よくついておる。超世希有は、絶世の美人ということです。非常に稀なようなすがたである。

天にあらず、人にあらず。（三六）

天人も立派な、それ位でない、人間が立派な美人であるそれ位でない、どんなんですか、というと、

自然虚無《じねんこむ》の身、無極《むごく》の体《たい》をうけたり。（三六）

と仰せられる。好醜がない、形も色も同じであるというのはどういう意味かといったら、みんな虚無の身、無極の体だ、肉を身といい、骨を体という、そういう区別があるのです。その身は自然虚無の身、自然というは仏智他力によって自ら然らしむる。仏智他力によっていただく功徳でありまず。自分から口をいがめたり鼻をいがめたり、色が白い黒いの工作せんでも自然虚無の身です。これは涅槃のかえ名でありまして、無極体というのも涅槃のかえ名であります。無極は極まりがない、この上がない、虚無の身というのは何事にも執着しないからだということになりまして、涅槃の体をいただいておるような人でありますから、みんな立派である。高いとか低いとか、長いとか短いとかいうこともなくして、みんな同様に、虚無の身無極の体をいただく。だからみんな尊くて、醜い見よい、というようなものがないのだ、とおっしゃるのです。『教行信証』にも出て来ます。往生してどんな身の上になるのだ、といえば、虚無の身無極の体になるのだ、とおっしゃることですが、涅槃といっておきましょうか。醜い見よいというものがなくなって、みんな同様に涅槃から出た人、本当に涅槃から現われておるものであるというならば、長かろうが短かかろうが、円かろうが四角かろうが、みんな立派であって好醜というものはないはずであります。長いなり短いなり皆立派である。金でこしらえたものなら長いのも短いのも薄いのも厚いのもみんな貴いように、あの人は長

うてよいが、わしは短うていかん、あの人の形は三角だがわしは四角だからいかん、そういうことはない。そういう苦しみはない。こういうことが国中人天、信心によって如来の光明の国に生まれた身であって、人間凡夫のこの身でなしに虚無亙身無極体というものをいただくのだからして好醜がない、とおっしゃる。

これは死んでから、極楽に行ったらしてやるというように話されておりますけれども、親鸞聖人がじっとお味わいになると、それは信ずるということによって、如来の光明の国に生まれる身の上になれば、そういう功徳をいただかせていただくことになるのだ、とお喜びになるのであります。

第五願　宿命通《しゅくみょうつう》の願《がん》

たとひ、われ仏《ぶつ》をえたらんに、国中の人天、宿命《しゅくみょう》をさとらずして、しも、百千億那由他《なゆた》の諸劫《しょこう》の事《じ》をしらざるにいたらば、正覚《しょうがく》をとらじ。（一六）

第五宿命通、第六天眼通、第七天耳通、第八他心通、第九神足通、第十漏尽通、これだけが六神通といいまして一まとめになるわけであります。本願では六つありますから、六通とか六神通というのでありますが、神は心、通は通力で、心のすぐれたというほどの意味でありまして、六つの通力ということであります。

仏になると六神通という勝れたる力を得ておられる。これは仏のみならず菩薩になっても、又羅漢の悟を開いたような人も六神通を具えるようになる。仏教の仏・菩薩・羅漢というような人でなくても釈尊当時の婆羅門というような仏教以外の外道の人々でも、禅定をおさめ、坐禅して心を静める訓練を段々積むと、やがては心が非常に勝れた働きをなして六神通を得るようになるということでありまして、あながち仏教の修行をやったからというわけではない。禅定をおさめて行くと、そういう通力を得るようになるのであります。その一例は、提婆達多であって、阿闍世王の願いによって、兜率天へ行って天の華を取って来てくれというと、直ぐ神通力を現して兜率天へ華を取りに行った。けれども取り損うて通力を失って取らずに帰って来たというお話もあるくらいでありまして、あながち仏とか菩薩の具えられる力とは限らないのでありまして、誰でも心を静かにして、その訓練を積むというとそういう力を持つようになり、現わすようになるのだそうであります。

だいたい、宿命通というのは、宿は自分の前生、前々生、現在より過ぎたる過去のこと。命というのは運命とか、命数という意味でしょう。つまり、自分の過去世の、宿の命数、いわゆる生活がどういう状態であったということが知られないというようなことであるならば、わしは仏にはならないと、こういうことであります。したがってどういうことをして来たか、どういうことがあったかというようなことを一切知ることができるようにしてやりたいということであります。それさえはっきりわかれば、将来どんなになるかということもわかるわけであります。そういうように皆、国の中の人天、国中の人天とありますが、これは第十一願まであるのでありますが、この国中人天ということが、死んでしまって未来西方極楽国へ生まれた後にと、そういうことに願文は見えておりますが、そうして私のような疑い深い者は、六神通を得るような身の上になったならば大変都合がよい、けれどもそれは死んでから極楽にまいってからなるのだと、こういうことであるならば、ないよりはましであり、してもらわないよりは結構でありましょう。けれども、それは本当にそういうことになるのであろうか、どうかという疑いを持つようになります。死んでしまった人で、帰って来て報告した人は誰もないのですから、お釈迦様が、阿弥陀様の本願によって嘘を言おうと何を言うかわからん、ということになって、一向意味のないことになってしまうと思うのであります。親鸞聖人のお心を静かに考えますと、此の前も申しますように、国中の人天とあると、死後彼の国へ参ってからのことであるというように見えておる。けれども、本願のおこころはそうではなく、信心の人には、こういう六神通を得るようにさせてやりたい、そういう不自由な者をして自由自在な心にならしめてやりたい、今の私共の苦を抜いて楽を与えてやろうという御本願のおこころであると教えて下さっているらしいのであります。

　それについてまずこの成就の文と申しますところのお経の下巻に、釈尊が示されておるのを見ますと、

　神通《じんづう》自在《じざい》にしてつねに宿命《しゅくみょう》をさとる。他方の五濁悪世《ごじょくあくせ》に生《しょう》じて、示現《じげん》してかれに同《どう》ずること、わがくにのごとくなるをばのぞく。（四八）

これだけの御文が宿命通という願の成就しておる有様を知らして下さっておるのだと、こういうように申されておるのであります。即ち彼の国に生まれた菩薩は、心の働きの勝れた、神通自在になって、常に昔の生活というものをああだった、こうだったとはっきりと識らしめよう。そのあとが

ちょっとわかりにくいようです。けれども、その菩薩が五濁悪世に生まれて、そうして悪世の人間と同じようなことをして、その人間を救うためにいっしょに暮して如来の国のようにしようと、こういうことでそういう所に出張しているのは除外例である。即ち自分の自然のなりゆきでないところの、すなわち人を救うために、その生活が変った生活になっておる場合、それは除外例である。自分の本来持っている性質なり行ないの結果、経て来たその生活は一切知られるようになる。これが宿命通の御成就の御文になっておるのであります。

梵本を見ますと、

世尊《せそん》、若し我が覚者国《かくしゃこく》に生ずる諸有情《しょうじょう》は、少なくとも百千倶胝尼由他劫波《くていにゆたこうは》を記憶すべき生念《しょうねん》あらずんば、我は無上なる正覚等《しょうとうがく》を証得《しょうとく》せざるべし。

とあるのであります。下至という字を「少なくとも」と翻訳してあります。百千億那由他劫ですから、それは数えられない程の長い時、その時の自分の事を記憶するような心にならしめる、こういうことであります。まあ一例を申しますならば、普通人間でありますと、どんな賢い人でも自分の過去ということは知らないものであります。実際人々に接して話をしてみられるとわかりますが、よほど賢い人でも、学問があり世間を渡って来たという人でも、自分の過去のことを知らないものです。此の世一生だけであっても自分の過去に、どんな悪いことをして来たろうか、どんな悪いことを思って来たろうか過去の自分というものを知らないのが凡夫の常というものであります。そういうことも仏法を聴聞するようになるとぼつぼつ知らしていただけるのです。けれども、なかなか本当にわからないものでありまして、私がいつも言いますように、眼玉というものは人から見ればキラキラ光っておって、よく何でもわかるように思っておりますが、しかしながら自分の顔というものは解らないのであります。不正直なことばかりしておりながら、私ほどの正直者はありませんと言ったり、思ったりしておりますし、自分のして来た罪、起こして来た煩悩というものは知らずに暮しておるのであります。本当に自分の過去世、宿命というものはなかなかわからないものであります。

国中人天というのは信心の人、この願力をいただき仏力をいただくというと、だんだん自分の此の世一生涯のことでも、自分が夫にこうした、自分が妻にこうした、友達にこういうことをした、親にはこうであった、ああであった、ということが、明らかにはっきりとわかるようになる。「つねに宿命をさとらん」昨日も今日も、去年も今年も、いつでも常に自分の過去というものが、だんだんと明らかになって来て、そうして又親に対しても子に対しても、友達に対しても頭の上らない、まことに脇の下から汗の出るようなことをして来たものでございます。本当にわかって来るのは、信心を喜ぶようになり、本願に帰命するようになってからでありまして、いよいよそれをわからしてもらうというのは、これは信心の人のいただく一つの通力でありまして、これを宿命通というのであります。それは仏からいただくのだから無限である。ああ私は前生においてどんなことをしましたものか、こんな位の苦しみに遇うのは尤もでございます。自分の過去の前生なり前々生なり、善導大師をして言わしむれば「曠劫よりこのかた常に没し常に流転して出離の縁あることなき」

(『散善義』)ほどの者であったと、自分の過去世というものがまざまざと、現在から過去に向かって自覚されて来るようになる。こういうことが、非常に幸せなことでありまして、そういうことが一つわからないために、悪いことを思ったことはないとか、悪いことをしたことはないという人には、何でこんなことになっただろうか、といって愚痴やら人を恨んだり運命をはかなんだりするような苦しみがあるのですが、こういう宿命通力というものを得るところに、もうその人が解放されたような、自由自在な心持ちにさしていただくという幸せがいただけることであろうと思うのでありまず。だから信心を喜び念仏を喜ぶようになって、だんだん自分の過去というものが見えて、その浅間しさが見えれば見えるほど、本願の尊さがわかり、願力のありがたさというものがわかる。そうして自分というものがいつの間にか幸せ者にさしていただいておるということになる。そういう願だろうと思うのであります。

梵本の書物には「宿命智通力」とありますが、こちらの聖典には「智」という字が書いてありません。宿命を識る智慧の通力です。皆、天眼智通力、神足智通力と「智」という字がはいっておるのであります。それで身のことではない、それもこれも心のことであるということがわかるわけであります。それからだんだん年が寄れば寄るほど、又此の世を去って浄土に往生すると申しますが、仏果にまで進めばなおさら、進めば進むほど、数限りなく後世のことが自分にわかって来るということになるのでありましょう。それをずっと延長して行けば、第六番目が天眼であります。

第六願　天眼通《てんげんつう》の願《がん》

たとひ、われ仏をえたらんに、国中の人天、天眼《てんげん》をえずして、しも、百千億那由他《なゆた》の諸仏のくにをみざるにいたらば、正覚をとらじ。(一六)

天眼通というのは、天という字は勝れたという意味です。禅定を修めて眼の力が勝れて来て自分のことのみならず、人のことでも、どこでも見えるようになる。そういう意味です。「百千億那由他の諸仏の国」つまり、限りのない仏の国、われわれの住んでおる此の世界でありますればどこでもというような意味でしょう。どこのどういう国でも見えるようになる。天眼というものを得させねばおかないとあるのです。そんなになれたら千里眼のようで、はなはだ便利でしょう。けれどもその眼玉のことを言っておられるのでなしに、心の眼玉のことを言っておられるのだ、ということを知っておかねばなりません。願成就の文は、下巻にありますが、仏の国の菩薩方になるというと禅定を修して通力を得られるようになる、ということが書いてあるところに、

肉眼清徹《にくげんしょうてつ》にして分了《ぶんりょう》せざることなし。天眼通達《てんげんつうだつ》して無量無限《むりょうむげん》なり。法眼観察《ほうげんかんざつ》して諸道《しょどう》を究竟《くきょう》し、慧眼真《えげんしん》を見てよく彼岸に度《ど》す、仏眼具足《ぶつげんぐそく》して法性《ほっしょう》を覚了《かくりょう》す。(五〇)

とある。これだけが願成就の御文であると、こう示されておるのであります。肉眼、天眼、法眼、慧眼、仏眼、これを仏の五眼というのである。五眼円かにしてということがありますが、仏のみならず、仏の国に生まれた者もそうであります。往生即成仏でありまして、仏になったら五眼円かに

なる、それは理窟として申すまでもないことであります。極楽へ行って仏と同じ覚証悟を開かしてもらえば五眼円かになる。有難いことだと言っておれば矛盾はないのですが、それは、そんなことはなかろう、と言って見ても、あるかも知れないし、あると言って見ても、ないかも知れないのです。証明者は誰もないのですから。そういうことではなくして、仏、菩薩が持たれるところの五眼が円かであるということは、信心の人は、此の世におる間からそういう幸せを得させてやろう、糸口だけでも得させてやって、遂には完全にそういうことができるようにならしめよう、ということを喜ばしていただくわけであります。だから、国中人天ということが死んでからのことである、と言っておる人もあるけれども、そういうことでないということを知らして下された親鸞聖人の思召は非常に有難いことであると思うのです。経典は、一応はわれわれの知ることのできないものであって、彼の国に至って得ることだ、というように書いてありますが、それは信心も何もない人に教えるには、そういうより仕様がありませんが、実は信心の人にこういう幸せを得させたいということが、御本願のお心である、ということを知るべきであると思うのであります。

わかりよく肉体から精神の方へ行かれるのですが、肉の眼が清らかで物に徹しておる、物事を見ざることなしです。私はこういうものがあると思うのです。肉の眼は人より大きいかもしれないし、他の人よりよく光っておるかもしれません、遠いところが人よりよく見えるところがあるかもしれないけれど、この眼玉のよしあしということでなくして、実際、この眼玉で見ておるところは、本当のことをはっきり見ておるかというと、どうも仏法のない人、信心のない人はものをはっきり見るということができないのであって、無常なものを常住と見たり、当にならないものを当になると見たり、きれいでないものをきれいであると見たりするような、本当のものの色、本当のものの性質というようなものが一向わからないのです。羊の眼玉は、私はよく見たことはないのですが、ものが半分より見えないということです。ボーッとしか見えないでも当り前のように思っておるのです。けれども仏の子供となった人は、仏の願力によって、この肉の眼が物に徹して――清らかに徹して――はっきり自分の周囲のものが見えるようになることが、何となく私はあると思うのです。

今度は肉の眼玉でなしに、天眼とおっしゃるのですから、禅定によって勝れたる眼の力を得る。いよいよ天眼通のところでありますが、「天眼通達して無量無限なり」これが五眼の中心でしょう。勝れたる心の眼の力が通達する、どこまで通達する、限りがない、この眼の力が過去世を知る。過去世を知る位なら将来も知る。実際眼には見ないのだけれども、この心の眼の勝れた力というものが自分の過去世も現在も未来までもつき通して見るような力が出て来る。自分のことのみならず、人のことまでも見えるような通力が出て来るということでもあります。

第三が法眼ですが、「法眼観察して諸道を究竟す」或る本には「物」と書いてあるのです。けれども、仏法という法です。諸道は、天理教であれ、大本教であれ、神道であれ、儒教であれ、道教であれというようにいろいろと道というものがあるけれども、究竟は究め竟りでありまして、どの教えというものも徹底して観察して、心に思い浮べて、そうして本当の道というものがわかる。法を見る眼が鋭くなって諸道を究竟せり。いろいろの教えというものがあるけれどもこの道こそは本当だと、彼を知りこれを知るという法眼というものが得られるようになるのです。

第四番目が、「慧眼真をみてよく彼岸に度す」とあるのですが、親鸞聖人は「見真大師」という大師号を明治天皇からいただいておられますが、それはここから出たのです。智慧の眼、特に慧眼というときには、智慧でも智と慧と別けてただ善悪を分別するというのでなしに、仏教で言うと空智ですが、本当の道理がわかる智慧を慧というのであります。本当の智慧の眼というものができて、そうしてそれは、真を見て能く彼岸に度す、彼岸は涅槃でありますが、苦しみの海を渡って安楽になるということなんです。親鸞聖人ならば、そこで本願念仏の真を見られたということであります。「難信の金剛の信楽は、うたがひをのぞき証をえしむる真理なり」（『教行信証』総序・一二〇）本当に真理というものを見て、道にもいろいろあるけれども真に助かる道という真なるものが見えて、そうしてよく涅槃の彼岸に渡るという、助かって行けるような眼を持つようになる。つまりわれわれは、肉眼もはっきりせず――物を見る眼――心の眼もはっきりしないものですから、どういう教えでも同じことと思ったり、その教えに喰っついたり、迷信にかきまわされたりしているということは、本当に天眼通を持っておらないからであります。それが信心を得るというと、そういう肉の眼も心の眼も五通りの眼を得るようになるのであります。

最後には「仏眼具足して法性を覚了す」とありまして、心の眼、信ずる眼、仏を見る眼、それが仏眼であって、仏眼をちゃんと具えて、法性即ち諸法の本性、世の中の真理というものが本当にわかるようになる。これも信心の人の徳であります。

天眼通の本願が成就して、こういう徳が信心の人に現れることであると指し示しておられるのがこの成就の文でありまして、その心をもってこの天眼通の願を見よ、ということであります。ただ望遠鏡よりももっと便利で世界中どこでも見えるようになるという魔術めいたようなことではなく、五眼というものが円かになり、段々発達させてもらう。だからして、間違いもしないし騙されもせんし、人に騙されないだけでなしに、自分にも騙されないで、まことの法を本当に味わって、この道こそ本当の真理であると、本当に超世稀有の正法を、自覚し喜ぶことができるようになる。そして、そうさせたい、ということがこの天眼通というものの信心の人に与えられる徳であると味わせて下さる、ということが有難いことであると思うのです。ここに宿命通といって下さっても天眼通といって下さっても、ただ不思議な、ただ結構ということでなくして、この六神通の願を立てて下さったお心というものがこういう願成就の文から反照して見て、いよいよこの六神通のお誓の広大なること、ただ事でないということがいささかづつでもわかるだろうと思うのであります。

第七願　天《てん》耳《に》通《つう》の願《がん》

たとひ、われ仏をえたらんに、国中の人天、天耳《てんに》をえずして、しも、百千億那由他《なゆた》の諸仏の所説《しょせつ》をききて、ことごとく受持せざるにいたらば、正覚をとらじ。(一六)

天耳通というのは、どこのことばでも皆聞こえてくる。この世界において、人の話し声がみんな聞こえてくるのみならず、全世界どこの声でもみんな聞こえて来るという意味です。そういう天耳というものを得させずばおかんという御本願であります。百千億那由他、これも数限りないという絶対的な表現でありますが、あらゆる国の諸仏のお説きになるところを聞いて、それを受けてそうしてそれを持つようにさせてやりたいということであります。

その願成就の文は、上巻に、極楽即ち仏様の御国の有様をお説きになっておるところに、極楽の水の尊いこと、及び水の声の勝れたる働き、ただ水がきれいだとかいうだけでなしに、その水が流れておるところに声がする、その声が何か語っておる、それから極楽には音楽が鳴っておるとか、あるいは非常に清らかな風が吹いておるとか、水がさらさらと流れておるとかいうような景色のよいことを書いてありますが、それはこの世界の水の様子、風の様子が違うということを示されるのでありまして、なおもう一歩進むというと、その風なり水なりを聞いたり見たりするというと、それによって、いろいろ法を語っておる声を聞き、物を見ては法を知るというようなことが極楽の有様の貴いことであると、こういうことが、この天耳通の願成就に記されてあります。

自然《じねん》の妙声《みょうしょう》、その所応《しょおう》にしたがひて、きこえざるものなし。あるひは仏声《ぶっしょう》をきき、あるひは法声《ほっしょう》をきき、あるひは僧声《そうしょう》をきく。あるひは寂静《じゃくじょう》のこゑ、空無我《くむが》のこゑ、大慈悲《だいじひ》のこゑ、波《は》羅蜜《らみつ》のこゑ、あるひは十力《りき》・無畏《むい》・不共法《ふぐほう》のこゑ、諸通慧《しょつうえ》のこゑ、無所作《むしょさ》のこゑ、不起滅《ふきめつ》のこゑ、無生忍《むしょうにん》のこゑ、乃至《ないし》、甘露灌頂《かんろかんぢょう》、もろもろの妙法《みょうほう》のこゑ、かくのごときらのこゑ、その所《しょ》聞《もん》にかなひて。(三五)

そこまでが願成就の文で、あとには、

歓喜無量《かんぎむりよう》なり。（三五）

と書いてあります。そういう願成就の文のお指図からこの願文をいただくというと、国中人天は天耳智通を得る、勝れたる耳に関する心の通力を得る。これはどういうことか、というたら、どこの国の声でも聞こえる。こういう具合に書いてありますけれども、どこの諸仏のお説きになる法でも自由に聞くことができて、そうしてそれを持って忘れないようにするという力ができるようにしてやりたい。こういうようになると、不思議にも、どこへでも飛んで行ってどんな遠いところへ行っても聞こえるというような願文に見えます。けれども、あながちそうではなく、この国中人天と申された、信心の人というと、すべてのものから尊い法を聞くことができる。例えば水の声でも風の声でも又人の声でも、いろいろの境遇からでも、いろいろ尊い法を聞く力をいただくということになるのであります。この成就の文から見ますと、「自然の妙声、その所応にしたがひて、きこえざるものなし」国中の人天は、皆水のみならず風のみならずそのいろいろのものから尊い仏の声を聞き、法の声を聞き、僧の声を聞き、三宝の声を聞く。仏法者の喜びというものはそういうものだろうと思うのです。難儀な中からも仏の声を聞き、人の喋っておるところからも信心の人は、仏からものを言わしめられるからして、一文字も知らないような爺さん婆さんが言っておるところにも仏の声が出ているということを、蓮如さんがおっしゃっているのですが、そういうようなつまらない人の声からも仏の声を聞き、さらに尊い本当の仏の声が聞こえるようになる。法を聞いてわかるようになるからして、すべてのところから寂静涅槃の声が聞こえて来る。あるいは空無我、世界は空であり、無我であるという声が聞こえるようになったり、あるいは水の声を聞き、人の声を聞き、風の声を聞いておるところに、仏の大慈悲の声が聞こえて来たり、布施・持戒・忍辱・精進・禅定・智慧という六波羅蜜の声が聞こえて来たりするのです。あるいは仏の十力、無畏というようなこと、不共法というような尊い法の声が聞こえて来る。十力、不共法ということは、とにかく、仏の持たせてくれる十力、或は無畏、不共法という尊い仏の声が聞こえるようになって来る。それから諸通慧の声、三明六通というような通慧の声、無所作の声、不起滅の声、皆涅槃の味わいです。無生忍も涅槃の味わいです。それのみならず、乃至甘露灌頂、尊いいろいろの妙法の声、そういう声が聞こえて来る。「かくのごときらのこゑ、その所聞にかなひて。歓喜無量なり」聞けば聞くほどそうなれるのが信心の徳、それは自分がえらいのでなしに、願力の徳として此の世におる間から、風なり水なり人の声なり、いろいろの境遇の者からいろいろの声がして、それを仏の声を聞かしてもらえ、味わわせて貰えるような幸せをいただくようにしてやらねばおかん。こういうことであるということに味わわせていただいておるのであります。

第八願　他《た》心《しん》通《つう》の願《がん》

たとひ、われ仏をえたらんに、国中の人天、他心《たしん》をみる智《ち》をえずして、しも、百千億那由他《なゆた》の諸仏国中の衆生《しゆじよう》の心念《しんねん》をしらざるにいたらば、正覚《しようがく》をとらじ。(一六)

この文面の通り味わいますと、我国の人天となる者は、人の心を見るという智慧を得させずんばおかんということです。人の腹の中が見えるということは、目の前の人だけでなしに、数限りのない諸仏のその国の中の人々の心に思っておることが、何百何千億、どれだけの人の心でも知れるようになる、まあそうなれたら非常に便利であります。仏法を喜び信心を喜ぶ人にはそれができるようであります。人の心がわかればこそ、その人に適当な行ないの話をして、その人を救うというようなこともできるのでありますし、それがわからないものだから、私らはいつでも失敗ばかりして、わからんわからんと言っておるのです。それはおかしなことであって、段々わかってくればそういう利他の方面も便利になるのです。それも一つの味わいですが、これまた願成就の御文は、下巻に、『大経』の流通分として、釈尊が弥勒菩薩に言われる言葉がありますが、初めの方は仏が御説法の終わりに臨んで、弥勒菩薩にお話なさる。初めには三難というものをお話になり、第二番目には四難というものをお話になる。

仏、弥勒《みろく》にかたりたまはく、如来の興世《こうせ》まうあひがたく、みたてまつることかたし。諸仏の経《きょう》道《どう》、えがたくききがたし。菩薩の勝法《しょうぼう》、諸波羅蜜《しょはらみつ》、きくことをうることまたかたし。善知識《ぜんちしき》にあひ、法をきき、よく行ずること、これまたかたしとす。もしこの経をききて信楽受持《しんぎょうじゅじ》すること、難《なん》のなかの難《なん》、これにすぎたる難《なん》なし。（七八）

これを昔から三難四難というのであります。弥勒におっしゃるのには、難であるから喜べよということなんですな。難いということは有難いとか喜べということに心得てよいと昔の人が言われますが、難しい難いことが得られたらそれこそ喜ばねばなりません。有難いというのは有難いことなんだ、あり得べからざるというか、ありにくいことがあったのだからして、喜べ、喜ばなければならん、「たまたま行信を獲ば遠く宿縁を慶べ」(『教行信証』総序)と申されます。難中之難無過此難のこの法を得さしてもらったということは慶びにたえないことです。

弥勒におっしゃるのには、仏が此の世に出られたということにお遇いする、同時代に生まれるということも見たてまつるということも、それはなかなかないことです。ないことに出遇うたのだからその所詮をあだにせんようにしなければならんぞ、ということです。それが第一難で、第二難は「諸仏の経道、えがたくきがたし。菩薩の勝法、諸波羅蜜、きくことをうることまたかたし」(七八)釈尊のような諸仏の経道即ち教えに出遇うことは難しいことであって、なかなか聞くことに出遇わないものだ、又その他の菩薩の法、菩薩の法を略して言えば波羅蜜です、布施、持戒等の六波羅蜜の法が菩薩の法でありますが、菩薩の法を聞くということさえも又なかなかないことだ。皆さんはまあ、わかってもわからんでも毎度毎度聞いてござる。南無阿弥陀仏も聞いてござる。意味もわかるかもしれん、けれども、意味もわからず南無阿弥陀仏も聞いたことのない人が何ぼあるのか知れないのです。この世界に生まれて死んで行くまで、大方聞いていないようなものでしょう。だから諸波羅蜜という話を聞くだけでもなかなかのことである。法を聞くということは、六波羅蜜は大事なことであるということを聞くさえなかなかのことである。諸仏の経道というのは、八家九宗みな諸仏の経道ですが、一般諸仏の教えを聞くということもなかなかないことである。だからそれに出遇うたらしっかりせねばならんと、こうおっしゃるのです。

第三難は、これが天耳通の願成就であると申されておるのです。「善知識にあひ、法をきき、よく行ずること、これまたかたしとす」（七八）善知識というのは、仏法の本当にわかっておる友達或は師匠ということです。「真を真と知るを知といひ妄を妄と知るを識といふ」という解釈があります。禅宗では師家といいますが、間違ったことを間違いと知り、正しいことを正しいと知る人でなければ人には教えられません。そういう善き師匠に出遇って法を聞いて能く行ずることこれ亦難しとす、それが願成就の文だとおっしゃるのです。そうすると他心通の願は、人の心を知る智慧を得るというので、何か千里眼のように、人の心の中がわかるという常識的なことでなしに、法のことですから法が一番尊いというのです。或いは人の心がわかって騙されないようになり、ほんとうに金を儲けさしてくれるかくれないか、そういうこともわかるようになるかもしれないが——その心のわかるのも大切なことでしょうが——又人を済度して苦しんでおるところから助かるようにしてやるために、その人の心がわかるということも尚更大事なことであり、そんなこともできるかもしれませんが、この他心通という願をお立て下さったのは、よくよく考えるというと、自分が善知識に遇うて法を聞いて能く行ずるということができるようになるのが、他心通を得たというのであるということです。善知識が何ぼ自分のために一生懸命に話をして下さっても、その善知識の心がどうもわからない、法を聞いてもどうも行ずる気になれない。行ずるというのは真宗で言えば信心の上から念仏を申すということです。けれども昔から、そうでなしに、禅宗とか天台とか真言とかいうような自力の教えで仏法の話をして下さるという、そういう一般的な意味だといわれますが、本当の話をして下さっても、その人の心が得られないものです。だからしてその教えの如く行ずるということがどうしてもできない。その人の心をいただいて、そうして行ずるようになれるということはなかなか難しいことだからして、そういうことがわかるように、その教えて下さるお方が話がわかるようにさせてやりたいというのが、他心通という本願の真義であります。ただ人の心がわかって、どんな国のどんな人の心も皆わかるということも否定しないでしょうが、それを押詰めて行けば、善知識に遇うて法を聞いて行ずるということが難しいのだが、なるほどと、わかるようにさせて下さるのであって、難を難とせずにできるようにさせて下さるということが、お誓の願力というものだと、こういう具合に味わわされて来るのであります。私は真宗の味わいから行きますと、能く行ずるというのは、自力聖道門の人の行ずるということでなしに、念仏を申すということではないのか、と思うのです。けれどもそうは昔から書いてないから独断と申せばそれまでのことであります。まあ仏法というものが尊いとわかるようになることだろう、と思うのです。

第九願　神《じん》足《そく》通《つう》の願《がん》

たとひ、われ仏をえたらんに、国中の人天、神足《じんそく》をえずして、一念のあひだにをいて、しも、百千億那由他の諸仏のくにを超過《ちょうか》することあたはざるにいたらば、正覚《しょうがく》をとらじ。（一六）

普通の意味で言うならば、ほんのご飯を一口たべる間、あるいは一瞬時、目ばたきをする間にどこへでも自由自在に早く飛んで行けるというのが神足でありますが、これは智通力ですからこの身、この足のことではなく、身になぞらえて精神力のことを言っておられるのです。一念の間に百千億の沢山の諸仏の国を飛び超えて過ぎてしまって、遠いところへツーッと一ぺんに行ってしまうという、如何にも身が飛行機に乗って飛べるように自由自在に行けるようにして下さると思えば、それもちょっと有難いと思うかもしれません。どうも娘の所へ行きたいと思う、遠くて行けないということで泣いておる人もあるでしょうし、戦争で自分の子供が死んでどこへ行ったかしれないから、そこへ行って会いたいと思うかもしれません。生きておる間には会えないでも、死んで極楽へ行ったらパッと会える、こういうように慶ぶのも御縁の端でしょう。けれども、身なり足なりが飛んで行くということでなくして、心がどんなところも飛び越えることであります。こういうことが智通力ということですが、もう一つ味わいますと、願成就第八願の成就文の次です。第四難目に、仏が弥勒におっしゃるには、

　もしこの経をききて信楽受持《しんぎょうじゅじ》すること、難《なん》のなかの難《なん》、これにすぎたる難《なん》なし。（七八）

こう仰せられる。そうするとこの経を聞いて、信じてこのおこころをいただく。お念仏を喜ぶということでしょう。如来の興世に値うということも難いし、又それを聞いて行ずる、ということも難いが、本当に難しいことは他力の本願を信楽するということである。至心信楽欲生というは行者帰命の一心と仰せられますが、一心に帰命する、疑い晴れて信ずるということ、その喜びから念仏を称えて受持するということ、これは「難のなかの難、これにすぎたる難なし」そのために、疑い深い凡夫が信ずるようにと十方諸仏が証明にまでお立ち下さっておる。自力でそういうようにしよう

と思っておるから助からないのです。智慧がなく煩悩が滅らず悪業のなくならない自分が他力によって助かるとか、御本願によって助かるということを聞いても、なかなか自力根性の深い私どもは、信楽し受持するということは難しいことです。信ぜられません信ぜられませんと言われるのも無理がないのです。

　一代諸教の信よりも　弘願《ぐがん》の信楽《しんぎょう》なをかたし
　難中之難《なんちゅうしなん》とときたまひ　無過此難《むかしなん》とのべたまふ。（五二五）

と和讃にありますが、信楽受持すること難し、難中之難無過此難ということをお誓い下されたのがこの神足通だというと、ちよっとおかしい気がしますが、これには大分私も困っておるのです。けれどもよく考えますと、一念の間に百千億那由他の諸仏の国を超過する、ということは、難中之難無過此難です。なかなか信ぜられないのです。この経典には、百千億那由他の諸仏の国を飛び超えると書いてあります。けれども、あらゆる人が信じておるような、そういう境地を一念の間に飛び越えて、聖道門でいうならば、三祇百大劫といいますか、進んで行く境地がありますけれども、そういう境地を飛び越えて、そう行かねばならんのが本当だ。けれどもそういう境地を飛び越えて、一念の間にとありますから、一念の信というものを起こして、信楽受持するにいたるということは、念即生といいますか、凡夫念じてさとるなりで、一念帰命するというだけで凡夫が一躍して仏になる、どんな境地をも飛び越えて仏になるということはなかなか難儀なことでありますが、その難儀なことをたとえて言うならば沢山な国も、数限りのない国も一念の間に飛び越えることができるように、一念帰命の信ということによって成仏し、助かる身の上になるようにさせてやりたい、例えて言えば神足通を得たようなものである、ということが第九の神足通の願というものです。丁度身が神足を得たように、心があらゆる国を飛び越えて一念帰命するようにならしめたいということであります。難儀もそれほど難儀なことはない、ということであるが、信楽受持するにいたるという幸せを得させねばおかんということでありますが、信の人はそういう神足通をいただいたことになるのだ。その力をいただいたということは喜ぶべきであるということが、この願でわかると思うのであります。

第十願　漏《ろ》尽《じん》通《つう》の願《がん》

たとひ、われ仏をえたらんに、国中の人天、もし想念《そうねん》をおこして身を貪計《とんげ》せば正覚《しょうがく》をとらじ。（一六）

第十は漏尽通であります。漏は煩悩であって、尽はつきるのであります。煩悩がなくなる智通力、勝れた智慧をいただくというのであります。

私の国の人天となれば、身を貪計するということがないようにならせたい。あれやこれやといろんなことを思う想念を起こして身を貪計する、煩悩でありますから私共は何と言われても我が身が可愛いのでありまして、異訳の経典をいろいろ見てみますと、身を貪計するというところに、「愛欲」「淫泆（性欲）」というようなことも書いてあるお経がありますが、そこまで露骨に言うのも、貪という字から見えるのでしょうけれども、此の翻訳では「身を貪り計らふ」そういうことをないようにしてやりたい、それを煩悩がつきた、漏尽という羅漢のさとり、自力でも羅漢のさとりを開くと漏尽通を得ると申すのであります。私どもは愚痴の凡夫ですから貪欲を起こします。欲も欲ですけれどもそれをじっと考えたら自分の身、我が身可愛いということであります。何ぼでも欲しい、長く欲しい、横へ拡げればたくさん欲しいという貪欲が出て来る。そんならそういうようにうまいこと行くかというとそう行かないからして瞋恚というものが数限りなく出て来る。瞋恚がわれわれを苦しめるのだということになるのです。だから貪欲、瞋恚、愚痴の心があるということは煩悩のあるということであって、煩悩のあるということは、要するに我が身を可愛がるということです。だからわしの国に生まれた者は若しいろんな想念、形を具えるを想といい、形がなくても認めておるのを念という、ある想いを起こして、ああじゃこうじゃと思って、要するに我が身を可愛がる。貪欲するということが実は自分を苦しめることなんだ、けれども凡夫はそれが幸せだと思って一生懸命にそれを勉強しておるのである。その貪計するという心がなくなる、それが信心の人の喜びではないですか。

例によって成就の文を見ますというと、下巻ですが、『大経』では極楽とおっしゃらず、安楽とあるのですが、

その国土《こくど》の所有《しょう》の万物《まんもつ》にをいて我所《がしょ》の心《しん》なく染着《ぜんちゃく》の心《しん》なし。去来進止《こらいしんし》に情にかくるところなし。随意自在《ずいいじざい》にして、(四九)

これだけがこの願成就の文であると示されてあります。それは無論、浄土を構成された仏のこと、

この国土のあらゆる物柄に対して我所の心なし、所有欲と翻訳すればよくわかるのです。所有欲というものがない、我、我所といいまして、我及び我所なしということです。染着心なし、染は染まる、着は引っ着くのですから、執着が深い、それを持って離さないという、そういう心がない。去来進止、去るも来るも歩むも止るも、つねに心に係る所なし、自分の貪心に引っかからない。意に随いて自在なり、あってもよしなくてもよし。といっても何も持たんでよいわけでない。持ってもよろしいが、そういう心が一つないといけないのです。極楽へ往ったら、生まれた者が皆こうなるというのですが、それはまあそれに違いないでしょうが、私はこの世において、ということだと思うのです。蓮如上人は、それが仏法領のもの、仏様のものだ、我が所有物じゃないとおっしゃるのです。要るだけのものをお与え下さっても、預けられておるものだから適当に御心にそうように使って行かなければならんから、一紙半銭でも節約すべきところは節約し、使うべきところは大いに使えとおっしゃるのです。蓮如上人はその通りやられて、その通りに言い遺して行った方でありますが、どうも近い歴史上の人だけに嘘だと言えないのです。ここは仏法領である、そういうことがわかれば、我所心なし、仏の物である。こう思ってござるから百万千万の金も、一紙半銭もそれに染着の心がない。大阪もそうです。大阪に本願寺を建立なされて、「むつかしき題目なんども出来あらんときは、すみやかにこの在所にをひて執心のこころをやめて退出すべきものなり」(御文四帖目一五通・一〇〇二)うるさいことが起こったら直ちにさっさと退出したらよいのだと、自分及び子孫にも言い遺しておられる、というのは、染着心なしなんです。だからあってもこれにひっかからない、なければ無論のこと、ないのがいいのでなし、あるのがいいのでもない。これが随意自在で、大事にせねばならんときはする。煩悩がなくなるというと何にも持たないということでなくして、何ぼ金を持ってもよいのだが、焼火箸のようになった時でも、これを離してはと思うところに苦しみがあるのです。それは何ぼお金が増えても苦しみがふえたのであって、焼火箸のように苦しいけれども離さないのです。離したら大変です。これは恋愛問題であっても、どんな問題であっても苦しいことです。苦しいけれども離さない。金なら金をためます。そうするともう離さないようにする、災難がある、取りに来るということがある、自然に減って来る、守っておるということが仲々むずかしいことです。なくなるものならなくなる、あるものなら大事にしてという、太っ腹というか、気楽というか、「心に係るところなく、随意自在なり」、こういうことが一つできないことには、いくら沢山あっても、少なくとも幸せじゃないですな。漏尽、煩悩がなくなるということはそういうことです。苦の奥を推して見ると身を貪計するからです。我が身が可愛いということから出て来るのです。これも極楽の話にしてしまうと何にも値打ちはない。これを今のことと受取られた方が親鸞聖人です。もう一つわかりよくして下さった方が蓮如上人であります。ものは持たれたけれどもいつでも離れておったのです。「一人なりとも信をとるべきならば身命を捨てよ。それはすたらぬぞ」(『蓮如上人御一代記聞書』一一五条・一〇五〇)と仰せられる。身を捨てる、仏法は捨身を行ずるのが所詮である。身を貪計するということがない、この身に染着の心がない、物に我所心がない。仏法の所詮は捨身の行にあるのだ。自分も食わねばならんけれども人を助けるためにも自分が食わねばならんのだ、家族も養わねばならん、これも人を助けるためだ、人を助けるために働きをするけれども、わしは身を捨てておるという。蓮如上人自ら行なって、俺をみて見よ、と言ってござるように、身を貪計するということから離れてござるところに大きなことができたのだと思います。

　それに対して、私はもっと味わうべきことがあると思いますが、「証の巻」の還相廻向の、善巧摂化の下ですが、

　三種の菩提門相違《ぼだいもんそうい》の法《ほう》を遠離《おんり》す。（三〇七）

ということがあります。それが自力でなしに、如来の仏力がさして下さるのだという、天親・曇鸞のお喜びだと思うのです。智慧門と慈悲門と方便門ということを書かれまして、

　智慧門《ちえもん》によりて、自楽《じらく》をもとめず、我心自身《がしんじしん》に貪著《とんちゃく》するを遠離《おんり》せるがゆへに、……慈悲門《じひもん》によれり。一切衆生の苦をぬきて、無安衆生心《むあんしゅじょうしん》を遠離《おんり》せるがゆへに、……方便門《ほうべんもん》によれり。一切衆生を憐愍《れんみん》したまふ心《しん》なり。自身を供養《くよう》し恭敬《くぎょう》する心を遠離《おんり》せるがゆへに。（『浄土論』・「証巻」に引用・三〇七）

人間が貪欲の煩悩そのままならば、自分を大事に、自身の身だけ供養して、自分は尊いものでえらいものであるという、そういう心をやめて、一切衆生を愍む心が起こって来る。こういう心になると申されておりますが、聖人の御一生九十年の御生活というものが、自楽を求めず、又我が身に貪着するということを離れられたればこそ、一生涯は勝れた素質を持ちながら、いわゆる名誉・利益を得る者にならずして、どうか衆生を救いたい、末代の衆生まで救いたいという御心で一貫され

た、それが尊い所以であります。自分は貪欲のやまない人間であり、自身の欲張りがやまん人間である、身が可愛いばかりだ。と言ってござるけれども、いつの間にか、それが仏力である漏尽通力を与えていただき、その本願力によって自ら自分の身を供養する、自分を救うて、俺はえらいものであるとか、天下を救うというような、自惚れた根性から離れて、一生涯謙虚なお心でおられました。そういうことが、この漏尽通の願力が信のある聖人の上に現われてござった相だと思うのであります。

先程申しましたように、蓮如上人に於きましても捨身を行ずるのが仏法の所詮と仰せられ、我を捨てたと仰せられておる。一人のためにでもということを実際におやりになっておる。身を貪計するということから離れさせねばおかんということが、幸せな蓮如上人をつくり、親鸞聖人をつくりあげたわけでありますので、この漏尽通の願というものが信心の人に与えられる幸せであり、その幸せは、この漏尽通の願力のお蔭であるということが味わわれるだろうと思うのであります。

これらを昔から六神通というので、ひっくるめて言えば、それらは私共のつねに得たいことであって、自分の過去がわからない。したがって将来どうなって行くかということがわからないということが、如何にわれわれの不自由な苦しみであるか知れないのです。又この全世界、全宇宙どこでも見えるようになるのであれば都合がよいのであって、われわれは障子の向うが見えないということが又如何に不自由でありますか。耳にしましても身近いところより聞くことができないのであって、少し隔ったら何事もわからないというような不自由があります。そうでなくても人の心がわかればたい変便利なのでありますが、嘘を言っておっても人の心はわからない。目の前におってもわからないというような不自由がありますし、又自由にどこへでも行きたいと思うけれども自由に行けないという悩みがある。それから心に煩悩があるという苦しみがある。そういうことをみんななくしてやりたいというのがこの御本願に出ておるのであります。自分の精神なり肉体の自由がないのが、苦悩でありますが、それが自由自在になるということであります。

第十一願　必至滅度《ひっしめつど》の願《がん》

たとひ、われ仏をえたらんに、国中の人天、定聚《じょうじゅ》に住し、かならず滅度《めつど》にいたらずば、正覚《しょうがく》をとらじ。

（一六）

御本典の『教行信証』の四法といいまして、教は『大無量寿経』全体を言うのですが、行は十七願、信は十八願、証は十一願、即ち経によって教行信証が出て来るのですが、助かりたいという願いには、何か行が具わらなければならないものです。どういう行で助かるか、ということを示されまして、それは、南無阿弥陀仏という仏名を称えることによって助かるのだという、浄土の行を示されました。それは十七願のおこころであります。信は第十八願でありまして、行だけで助かるように思うが、その行に信がぬけておってはいけない、信というものが最も大事である、というので、第十八願が即ち信の願であります。それから行信ともに揃えば、それは助かる原因であって、助かるという結果、これを証果といいます。証は証果の略であります。行信によってどうなるのか、助かるということはどうなることとか、こういうことを示されたのが「証の巻」一巻でありまして、それが第十一願であります。

阿弥陀如来が、私が仏になった暁には、我が国中の人天は、定聚に住して、それが必ず滅度に至るというようにさせずんばおかん。とおっしゃるのが十一願でありますから、親鸞聖人が「証の巻」を著わされるときには、初めに、「必至滅度の願」と標題を出してあるのもそのわけであります。

つつしんで真実《しんじつ》の証《しょう》を顕《あら》はさば、すなはちこれ利他円満《りたえんまん》の妙位《みょうい》、無上涅槃《むじょうねはん》の極果《ごくか》なり。(二八六)

そういう証果をいただくことである。そういう証果をいただくということは、

すなはちこれ必至滅度《ひっしめつど》の願《がん》よりいでたり。(二八六)

とありますから、この十一願を必至滅度の願と申すのであります。必至滅度の願のお蔭によって、この証果をいただくのである。

また証大涅槃《しょうだいねはん》の願となづくるなり。(二八六)

これは親鸞聖人がつけられた願の名前であります。「また」というのは昔から、善導大師、法然上人なんかは皆必至滅度の願といっておられましたが、親鸞聖人は証大涅槃の願と申されたのです。これは『如来会』という『大経』の異訳の経によってつけられたのであります。

それから「定聚に住しかならず滅度に至る」とあるのでありますが、御本願に定聚というのは正定聚です。正定聚の位に定まるということでありまして、そういうようにさせねばおかんという御本願であります。即ち信心を獲た者は、その時から正定聚の身の上となさしめられるということで

あり、それが証果であります。正定聚というのは、正しく定まるあつまりですから、そういう階級ということです。そういうものにならしめるだけではなくして、それはそのまま必ず滅度に至らしめる、即ち「正定聚に住し必ず滅度に至ら」しめねばおかんという御本願であります。これを必至滅度の願というのは、最後の一番大事な涅槃にまで必ず至らしめんという御本願であるからです。私どもが、本当に助かるということは、言い換えれば涅槃に達するということだからして、仏は必ず滅度に至らしむるということが、行の結果、信の結果なんであります。親鸞聖人は、目的は結果である滅度、涅槃にあるけれども、その結果よりも原因の正定聚ということが一番大事であると仰せられるのです。そうして親鸞聖人は、これを正定聚ともいい、不退転ともいい、即得往生ともいうとおっしゃってあります。証果はまず正定聚に住せしむるということが大事なんでありますが、正定聚に住せしめて滅度に至らしめねばおかんというのが御本願であります。

さて、この御文を御覧になりますと、「国中人天」が問題になるのであります。一応見ると、死んでから西方極楽に参って、その極楽の住民、人天となれば正定聚にならしめてもらう、正定聚になって滅度に至るということは、死んでから極楽に往生してからなることのように見えるのです。だから浄土宗の方々になると、昔からまず、極楽に参って正定聚にしてもらって、それからぼつぼつ滅度に進ましてもらって涅槃に達するのだと、こういうように見ておられるそうでありまして、極楽に往生するということが大事だということになってくるのです。ところが、親鸞聖人に限って、それを現生正定聚とおっしゃった。死んでからということではなくして、生きておる間に私どもがこの世でこの身で、正定聚にならしていただく、なさねばおかんという御本願であります。こういう具合にこの御文を御覧になった。真宗は行信の結果、言い換えれば信心の結果どうなるかといえば、生きておる間に正定聚にさしていただくということである。一生の間正定聚でずっと進んで行って、死んでからとも、死にぎわともおっしゃらず、とにかく滅度に至らしめて下さるのだと。こういう原因をことに重く知らして下さったことが親鸞聖人の卓見と申しますか、お経を読んで読んで考えて考えて、しかも正依の『三部経』だけでなしに、異訳の『如来会』という御本も精読なされて、そうしてどうしてもこれは此の世、現生において正定聚にならしめねばおかんという御本願であると感得され、そうしてその必然の結果として滅度に至らしめて下さるのだ、だから現生正定聚にして下さるということがお救いであり、助かるということであると。こういうことを知らして下さったのが全く聖人のお蔭であります。むろん、死後若し極楽に参るならば、それは、正定聚にもなるに違いありませんし、滅度にも至るに違いがありません。けれども、そういう遠いことでなしに、それを否定はなさらないが、聖人は現生において、正定聚にしてやらねばおかんということと、はっきりと御覧下さったということは非常なことであると思います。死んでからということであるならば、それを有難いと喜べないこともないけれども、本当に推して見るというと、どうしても一分の不明不安というものが残るはずであります。涅槃といわれても滅度といわれても、その証果というものは空漠になってしまうことでありますから、本当の安心本当の喜びというものは起らないわけであります。

この前にもお話しておきましたように、「国中人天」という言葉でありますが、これも一応は死後の如来の世界のように見えます。だから道綽、善導、源信、源空という四師は、無論そうしておられるのですが、親鸞聖人は、この国中人天ということは、現在の信心の人のことを言っておられるということは、今申しただけでおわかりだろうと思います。現生に正定聚にして下さるということだから、国中人天ということも死んでからのことではない、信心を獲た者が即ち如来の光明の国に生まれたものを国中人天と称されるものである、こういうように教えて下さるわけであります。したがって、第二願から第十願まで国中人天とありましたことも信心の上に得させられる幸せである、ということも自然にうかがわれるわけであります。

もう一つ申しておきたいことは、親鸞聖人が、ことさらに、「また証大涅槃の願となづくるなり」と、こう申されましたが、証の巻に、

　無量寿如来会《むりょうじゅにょらいえ》にのたまはく、もしわれ成仏《じょうぶつ》せんに、くにのうちの有情《うじょう》、もし決定《けつじょう》して等正覚《とうしょうがく》をなり、大涅槃《だいねはん》を証《しょう》せずば、菩提《ぼだい》をとらじ。(二八七)

こういうような翻訳になっておるのであります。そこに「証大涅槃」という字があります。又正定聚の代りに「等正覚にいたるなり」(五五六)と御和讃にも出て来ますのはこの言葉でありまして、等正覚というのは仏の一つ手前の位でありますから、等正覚を成らしめ、大涅槃をさとらしめねばおかん、という願であります。特に「証大涅槃の願」と名づけられたのは、なおそれだけでなく、必至滅度というのも、滅度即ち涅槃は、小乗涅槃と大乗涅槃とありますが、これは大涅槃即ち大乗

の涅槃というものであって、大乗涅槃というものをさとらしめて下さるのであるということを知らせたいために、「証大涅槃の願」とおっしゃるのであります。小乗涅槃というのは、同じ涅槃であっても自分に苦がなくなって助かったというだけであって、他の者を助けるということがそこから出て来ないのであります。けれども大涅槃ということは、涅槃は煩悩がなくなったのですから、そこからは必ず他を愛する、他の悩める者を救いたいという利他還相の心が起こって来るのでありまず。そういうことを知らせたいがために、大涅槃を証する願という名前をおつけになったのであります。だからそこからは二十二の還相廻向ということが出て来るわけなんでありまして、余程注意深く、そういうことまで知らしておいて下さるのであります。

それから、なぜ現生正定聚ということにして下さったか。如来は現在のわれわれの苦しみを助けたい、というのですから、死んでから極楽へ往ったら助かるぞ、というように言いますと、そうしていただくならば有難い、といっても、それは空っぽのことであって、意味をなさないことになってしまいます。親鸞聖人は、そうでないことを知らして下さったので、本当の救いということは現実のことでなくてはならんのです。この文面のみを見ておったら、死後如来の国にまいって、こういう具合に見れば見えます。けれども、それでは聖人は得心が行かなかったのでしょうね。現在から正定聚に住する、現生正定聚ということでなくてはならんと自分の自覚としては、そういうことを堅く信ぜられたのでありましょう。けれども自分の心で考えてきめようとはなさらないのです。やはり『如来会』の御文を、「又言く」として、かのくにの衆生《しゆじよう》、もしまさにむまれんもの、みなことごとく無上菩提《むじようぼだい》を究竟《くきよう》し、涅槃《ねはん》のところにいたらしめん。なにをもてのゆへに、もし邪定聚《じやじようじゆ》および不定聚《ふじようじゆ》は、かの因を建立《こんりゆう》せることを了知《りようち》することあたはざるがゆへなり。（二八八）

とありまして、これは『如来会』の願成就の文なんです。正定聚になって無上道をずっと涅槃にまで達せしめずんばおかん、究竟は、きわめおわるですからずんずん進んで涅槃の処にいたる。いたらしめねばおかんという願でありますから、釈尊はそれを註釈し説明して何を以ての故に、若し邪定聚、不定聚という自力の考えの人は誰も、「彼の因を建立することを了知することあたはず」仏様の御廻向によって助かるという信ということがないからだ、他力信ということがないからして、その他力によって助かるということを知らない。助かる原因は他力ということを知らない。だからそういう人は涅槃の処に達することができない。邪定聚というのは、十九願のように、自力の心で何か善いことをして助かって行こうとする人、不定聚は、念仏一つまではわかったけれども、やはり自分の力で念仏を申しておれば、その効果によって助かるであろう、と思っておる人のことです。けれども真実信心の人であるならば、彼の国の衆生、若しまさに生まれん者、詳しく説明してもどうかと思いますが、これが昔の学者の人の読み方は、彼の国ですから、死んでから極楽へ往ってからの衆生と、それから此の国の今のお互いで、若しまさに生まれんとする者、こう二つとも涅槃に到るのだ、というように見られておりますから、聖人もそういうように御解釈になっております。けれども彼の国の衆生という方は問題ではないので、「若し当に生まれん者」まだ生まれておらない、「当」は将来を現わす字です。即ち今此の世で信心喜ぶ身の上になった者、当に生まるる者も、彼の国の衆生と同じように、みんな悉く一人も漏らさず、無上菩提を究竟して、涅槃の処に到ることである、と釈尊が証明をしておられるのであります。親鸞聖人は、この「当生」という字が欲しいのです。『如来会』の願成就の文は、はっきり「当に生まれん者」とありますから、それは死んでから、極楽へ往ってしまってということではない。ここにおいて行信を得た者は、その証果として当に生まれんとする者、悉く菩提に到り遂いには無上涅槃の処に到るなり、ということであります。釈尊の説明として、こういう御文があれば、そうだ、わしの思う通りであった。『大無量寿経』の方ではわからなかったのです。成就の文は、下巻の一番初めに、

仏、阿難《あなん》につげたまはく、それ衆生《しゆじよう》ありてかの国に生ずるものは、みなことごとく正定《しようじよう》の聚《じゆ》に住す、ゆへはいかん、かの仏国中にはもろもろの邪聚《じやじゆ》をよび不定聚《ふじようじゆ》なければなり。（四〇）

とあります。こういう点は『御本典』の阪東本という聖人の直筆本によって付けられたものと見えるのですが、この点はまあ動かされないものですが、『如来会』の方の「当生」の方と両方合せ考えればよくわかるのです。若し当に生まれんとするものみなことごとく無上菩提を究竟し、正定聚から滅度までずっと続いて涅槃の所に到らしめん、そういう御本願である。だから聖人が、現生正定聚ということを勝手におきめになったことでないということがはっきりわかります。それが真宗に於きまして、非常に大事なことでありますから、この御本願は、親鸞聖人にとっては、現生正定聚ということを知らして下さった御本願であります。証果としては、正定聚にして下さるというこ

とが如来の救いということであって、正定聚にして下さったということをもって、涅槃までに到らしめずんばおかないということが救いということであります。こういうことがこの御本願によってはっきりわかるのであります。現生正定聚ということを忘れないようにして、この御本願を味わうべきであると思うのであります。

本願は阿弥陀如来がお述べになったとなっております。無論、歴史的に言えばお釈迦様が、阿弥陀如来のお言葉を聞いて述べられたようで、その御本願の註釈といってもよいでしょうが、釈尊が私たちにわかりよく知らして下されたのが成就の文というのであって、如来の本願は建て放しではなくして、その本願が本願通りに、実際に成功しておるといいましょうか、それがかく成就してあらせられると説明せられたのであります。だから釈尊の文を読んで本願を見ると本願のおこころがよくわかるわけです。

聖人も『御本書』には、

> 願成就《がんじょうじゅ》の文、経にのたまはく、それ衆生《しゅじょう》ありて、かのくににむまるれば、みなことごとく正《しょう》定《じょう》の聚《じゅ》に住《じゅう》す。(二八七)

と挙げておられます。このことは釈尊が言っておられるのです。なぜなれば、

> ゆへはいかん。かの仏国《ぶっこく》のうちには、もろもろの邪聚《じゃじゅ》、をよび不定聚《ふじょうじゅ》無《な》ければなり。(二八七)

皆一人残らず悉く正定聚になるということです。「彼の国にむまるれば」とあるのですから、普通に読めば死んでからということに見えるのです。ちょっと「彼の国」とはどこにあるのか、といっ

て、ここにあると言えないものですから、死んでから、ということになる。「これより西方に、十万億の仏土をすぎて世界あり、なづけて極楽といふ」（二一〇）こういう仏の国へ行ってしまうと死んでからということになる。だから、どうもそうでない、彼の国に生まるればということは、彼の国というのは、必ずしも死んでからということでなくして、これは問題ですが、親鸞聖人は、信心の人のことを言うのだ、ということで、当に生まるべき者とあるのは此の世のことである、こう拡張して見られたのではないかと思うのです。『一念多念文意』という聖人の晩年にお書きになった大切な書物があります。そこには、

この願成就を、釈迦如来ときたまはく、其有《ごう》衆生《しゅじょう》 生彼国者《しょうひこくしゃ》、皆悉住於《かいしつじゅうお》正 定之聚《しょうじょうしじゅ》、所以者何《しょいしゃが》、彼仏国中《ひぶっこくちゅう》 無《む》諸邪聚及《しょじゃじゅぎゅう》不定聚《ふじょうじゅ》とのたまへり。（六二四）

こう述べられて、

かくのごとく法蔵菩薩《ほうぞうぼさつ》ちかひたまへるを、釈迦如来五濁《ごじょく》のわれらがためにときたまへる文のこころは、それ衆生あて、かのくににむまれんとするものは、みなことごとく正定聚に住す。（六二五）

と、願成就の文を指されまして、その意味を現わされました。

「生彼国者」というのは、「彼の国に生まるれば」そこへ生まれてしまえばと読むのが普通である。けれどもそうでなしに、「彼の国に生まれんとするものは」とはっきり書いておしまいになった、それは「みなことごとく正定の聚に住す」と、それで現生正定聚ということになるのです。死

んでからのことでない。信心を獲て彼の国に生まれんとするものは、まだ生まれておらないけれども、みなことごとく此の世において正定聚に住す。なぜそういうかというと、

ゆへはいかんとなれば、かの仏国のうちにはもろもろの邪聚および不定聚はなければなりとのたまへり。(六二五)

こう成就の文のこころを述べられて、

この二尊の御のりをみたてまつるに。(六二五)

弥陀、釈迦、即ち因願と成就です。

すなわち往生《おうじょう》すとのたまへるは、正定聚のくらゐにさだまるを不退転《ふたいてん》に住すとはのたまへるなり。(六二五)

「即得往生」すなわち往生を得るということは正定聚の位に定まって、不退転に住するということであると、『一念多念文意』には明瞭におっしゃっているのです。

このくらゐにさだまりぬればかならず無上大涅槃《むじょうだいねはん》にいたるべき身となるがゆへに、等正覚《とうしょうがく》をなるともとき、阿毗跋致《あびばっち》にいたるとも、阿惟越致《あゆいおっち》にいたるともときたまふ。即時入必定《そくじにゅうひつじょう》ともまふすなり。この真実信楽は他力横超《たりきおうちょう》の金剛心《こんごうしん》なり。(六二五)

この信楽即ち真実の信心というものは他力横超の金剛心である。阿毗跋致というのは、阿惟越致も同じでありまして、不退ということですから、阿毗跋致にいたるというのは、不退にいたるということであります。だから他力横超の金剛心、即ち信心を得れば正定聚に住することになり、等正覚

に住することになり、不退転の位に住することになるのである。それを往生といい必定ともいい、必ず、滅度、大涅槃にまでいたらしめんという御本願であること、こういうことを知らして下さってあります。この御文によって親鸞聖人が現生正定聚ということを定められたのであります。

真実信心の行人《ぎょうにん》は摂取不捨《せっしゅふしゃ》のゆへに正定聚《しょうじょうじゅ》に住す。（『御文』一—四・九三〇）

真実信心の念仏者は、即ち摂取不捨の身の上になるから正定聚に住するのである、それを往生するというのである。正定聚に住するが故に必ず滅度に至る、こう示して下さったのが、真宗の大事な「現生正定聚」ということでありまして、現生から正定聚にして、必ず滅度にいたらしめられるという身の上になるということが助けられたということであって、そうならしめねばおかんというのが第十一の本願である。こう『一念多念文意』にはっきり知らして下さったということは、ありがたいことだと思います。だから聖人が勝手に、独断で、自分の思いつきで、こうに違いないときめられたということでないということであります。こういう仮名までつけておしまいになったということは非常な御体験といえましょう。自覚によってお経を身読されたといいますか、体読されたといいますか、まことに驚歎すべきお示しであると思うのであります。そうであってこそ、初めて釈尊の説かれた阿弥陀如来の本願も、本当に活きて働いて、私どもが現在から助けられたということがわかります。それでこそ真の宗教であって本当に有難いことなんであります。多くは死んでから悟を開くとか、死んでから極楽に往ったら涅槃に至る、死んでから正定聚になる、死んでから死んでからということにしてしまって、それがため何でも往生せねばならんといいます。そういう話をしておけば一番簡単でありますが、聖人はそれでは助かったということは言えないこととなりますから、信心を自ら味おうてお考えになったあげく、『如来会』というお経を御覧になってこれを発見されたのです。そうして、「彼の国に生まるれば」と未来的な言葉になっておるのを、「生ぜんとするものは」と読まれたのです。翻訳はこうなっておるのだが、こう読むのが本当に違いがないと大自信をもってこうなさったのであります。

戦前、南条文雄先生の梵本の翻訳を見せていただいたことがありますが、梵本の十一の本願を見ますと、まず因願の方から言いますと、

世尊《せそん》、若《も》し我が覚者国《かくしゃこく》に生ずる諸有情《しょうじょう》は大円寂《だいえんじゃく》に至るまで、真正に定められずんば、我は無上なる正等覚《とうしょうがく》を証得《しょうとく》せざるべし。

大円寂は涅槃のことであります。ここに「世尊」とおっしゃるのは、世自在王仏の前に願を立てられたから、世尊よ、というのです。「若し」これは「設我得仏」であります。「我が覚者国」というのは「我国」です。覚った者の国というので「国中人天」の「国中」ということです。そこへ「生ずる諸有情は」、これは覚者国でありますから、死んで極楽に往生してというように見えるのですが、梵本の成就の文を見ますとこうなっております。

又次に阿難陀《あなんだ》、彼の覚者国に已《すで》に生まれ、今生まれ、当《ま》さに生まるべき諸有情は、滅度に至るまで真正に定めらるるなり。其故は、彼処《かしこ》に不定《ふじょう》、或は邪定《じゃじょう》の二聚《じゅ》の処も記号も有ること無ければなり。

皆悉く真正に定めらるる、即ち正定聚ということに定められるのである。というところに、「已に生まれ、今生まれ」即ちそこに已に生まれてしまった人、今生まれた人は、それは無論のことであって、それは問題じゃないでしょう。如来の膝もとへ行った者が正定聚になるということに問題はないでしょう。ところが「当に生まるべき諸有情は」そういうのが原本でありますから、それで親鸞聖人が勝手におきめになったようだけれども、「当に生まるべき諸有情は」とあるのですから、「せんとするものは」と読むのが本当である、ということがわかるのです。聖人が『如来会』を御覧になったということによって、はっきり確信を持たれたということは、原本と対照するところに一層驚歎、敬服するの外ないと思うのであります。

ゆへはいかん。かの仏国のうちには、もろもろの邪聚、をよび不定聚なければなり。(二八七)

これもちょっと説明しておかんならんのです。因願には「定聚に住し必ず滅度に至らずんば正覚を取らじ」それだけなんですが、釈尊がそれを詳しく説かれる成就の御文では、「ゆへいかんとなれば、かの仏国のうちにはもろもろの邪聚をよび不定聚なければなり。」今は正定聚の話であるのに、ここに邪定聚、不定聚がない、こういう言葉があるのであります。

今そんなことを言う必要もないかも知れませんが、親鸞聖人の御己証といいまして、聖人のきめられたのに三願、三経、三機、三往生ということがあるのですが、第十八願の機を正定聚の機、第十九願の機を邪定聚、第二十願の機を不定聚の機といいます。十八願の機即ち他力真実の信心を獲た人は、正定聚に住すとおっしゃるのですから、仏になるに定まった位になる。十九願の機は、自力でいろいろの善行、善根、善いことをして助かろうとしておる。これは邪定聚で、こういう人は彼の仏国の中には決してはいらない。反対、筋違い、見当違いというのが「邪」です。見当がまちがっていて、ねじけておるから、決して行けないのです。正定でない、きまらない、必ずそこへ行けないということにきまっておる一類というのです。だから善根をして助かろうという宗教は、本当は助からない教であると言えますが、余所のことは今は言わなくてもよいが、真宗の人で、善根を修して助かろう、善いことをして助かろうと思っておるものはそれは邪定聚だ、それは十九願の人だ。十九願には助かるというように書いてあるけれどもそれは方便であって真には助からないのです。二十願の機は不定聚の機、二十願の機は、善いことをして助かろうというような大それたことは思わないようになったのではあるが、即ち自分はそんなことはできないということまでは自覚したが、念仏さえ申しておけば助かる。これよりほかに善いことができないけれども、念仏という善いことをしておるから助かると思っておる、自力念仏の人、そういう人は不定聚というのですから百に一つか千に一つは行けるかもしれないというわけです。韋提希夫人が助かったというのは『観経』です。『観経』というお経は、終いには下々品で、念仏するに遑あらずば南無阿弥陀仏を称えよ、と記されています。こういうことを聞いて、韋提希夫人は忽然として悟を開いた。韋提希夫人はその言葉によって自分の自力というものがすたり、他力の救済の本願ということがわかって、自分の手許を見ずに、自己を忘れて他力を仰がれたから正定聚の機になったのです。けれども、『観経』『阿弥陀経』は方便のお経であると、なぜ親鸞がおっしゃるかというと、やはり多くは自力の心を捨てたらないのが多いのです。念仏という善いことをしておるからこれによって助けてもらえると思い、これによって助かろうと、こういう心がやまないものだからして、それは韋提希のように、たまに手前に愛想がつきて、向うへ目がついたら助かる人もある。けれども多くは不定聚の機である。念仏することによっては助からないと言いきることはできない。それによって自分の自力がすたって他力を仰ぐ人もありますから不定聚の機というのです。彼の仏国の中には邪聚、不定聚の者は一人もおらないとおっしゃるのだから、彼の仏国といっても死んでからの極楽ということではなくして、信心の人を摂取して捨てずとおっしゃる如来の光明懐裡ということであって、そこは正定聚の人ばかりが住んでおるところであります。それは必ず滅度に至るという人のみであります。邪定聚、不定聚の人はそこにおらない、正定聚の人、皆悉く滅度に至る人ばかりである。それはその通りであります。だから真実信心――第十八願によって示さるるお誓い――に相応して信心の念仏者となることが大事であるということが知られるのであります。で第十八願に相応して、信じ念仏申すということになった人は、これは間違いなく、悉く仏の御国において正定聚に住することであるということを知らして下さったのが、この第十一の本願であるぞ、と釈尊が教えて下さっているのです。親鸞聖人は死んでからでなしに、正定聚は現在からのことであるとお示し下されたのであります。

なおつけ加えまして、『一念多念文意』には――成就の文といったら第十八願、四十八願皆成就の文があるのですが――唯十一成就とか三十一成就といわずに、単に成就の文といったら第十八願のことというのが規則なんです。何も言わずに唯《ただ》本願といったら第十八の本願、選択本願といったら第十八、こういうことになっておる。また第十七も選択である。選択といったら皆選択ですけれども、そういう約束になっておるのです。私は間違わないように第十八と今も言うのですが、成就の文をお挙げになったのは、即ち第十八願を知らせたいからであります。

即得往生《そくとくおうじょう》といふは、即はすなわちといふ、ときをへず、日おもへだてぬなり。また即はつくといふ、そのくらゐにさだまりつくといふことばなり。（六二四）

これが「即」という字の解釈です。

得はうべきことをえたりといふ。（六二四）

親鸞聖人は文字の意味を厳格に示す方であります。これはまあ、学問の家の血筋を引かれたからであろうと思いますが、獲という字はまだ得ないけれども将来得るという、原因的な字である、とおっしゃる。得という字は、その結果的な字で、果位にいたって得るを得という、と自然法爾章にあります。

真実信心をうれば、すなわち無碍光仏《むげこうぶつ》の御こころのうちに摂取して、すてたまはざるなり。（六二四）

真実信心の行人は摂取不捨の故に正定聚に住すというあの御こころであります。

摂はおさめたまふ、取はむかへとるとまふすなり。おさめとりたまふとき、すなわち、とき・日おもへだてず、正定聚のくらゐにつきさだまるを、往生をうとはのたまへるなり。（六二四）

といって、往生ということを死んでからばかりと思うなということであります。

蓮如上人のお言葉で言いますと、あの『聞書』の第一条に、道徳に対してのお話に、

他力といふは、弥陀をたのむ一念のおこるとき、やがておたすけにあづかる也。(一〇二六)

弥陀をたのむ一念のおこるとき、その場を去らずに、ときをへだてず日をへだてず、自力、雑行をたのんだりする心がなく、後生助けたまえと、一心に弥陀をたのんだという、そういう純な思いが起こったのが信ということであって、他力というは弥陀をたのむ一念のおこるとき、やがて御たすけにあづかるなり、その場で御たすけにあずかるという趣きです。

この『一念多念文意』は、聖人が八十五歳でお作りになったものですが、こういう御文がなかったら、いつまでもうろうろしなければならんと思うのです。

しかれば、必至滅度の誓願を大経にときたまはく。(六二四)

こういった第十一の本願の御文と、その成就の御文とをお出しになって、現生正定聚の位にきっと定めて下さるということが、第十一の本願であります。助かるということは、現生正定聚の身の上になるということであります。そうしてその次にさっき読みました、十一願を、「彼の国に生ぜんとするものは」とこういう訓点を、詳しくお知らせ下さった御文が載っておるのであります。即得往生の意味といい、十一願の願成就の文の読み方といい、聖人の親切なお示しがありますので、第十一の本願というものが現生正定聚であり、又正定聚ということは信によって摂取不捨の身の上になるということであり、摂取するから正定聚になるということ、それを、往生を得ると、申すのである、と知らして下さったのです。非常に御親切なことであると思いますし、第十一の本願の尊さというものもいよいよ知られることであると思われるわけであります。

十方摂化の願

第十二願　光明《こうみよう》無量《むりよう》の願《がん》　　**第十三願**　寿命《じゆみよう》無量《むりよう》の願《がん》

たとひ、われ仏をえたらんに、光明よく限量《げんりよう》ありて、しも、百千億那由他《ひやくせんおくなゆた》の諸仏のくにをてらさざるにいたらば、正覚《しようがく》をとらじ。

たとひ、われ仏をえたらんに、寿命《じゆみよう》よく限量《げんりよう》ありて、しも、百千億那由他劫《ひやくせんおくなゆたこう》にいたらば、正覚《しようがく》をとらじ。(一六)

十二の本願は光明無量の願と申しますし、十三の本願は寿命無量の願と名づけております。これは法蔵菩薩がまだ仏となられざる以前に立てられた願ですから因願と申しますが、私が将来仏となった暁には、我が光明に限りがあって、百千億那由他、百千億も大きな数ですが、那由他は無量ということを現わす数でありまして、百千億那由他のたくさんの諸仏の国を照らさないというようなことであるならば、私は仏にはならない。私が仏になった暁には、光明は限量がなく、至らざる隅なく、如何なる国でも照らさずんばおかんということであります。

第十三は、私が仏になった暁には、我が寿命は能く限量あって下百千億那由他劫に至らば、劫は時間の大変多いことを現わすのでありますから無量ということですが、百千億と数で書いてあります。数で書いてあるならば、何ぼ多くてもその数にしまいがあるのですが、そのしまいがあるようなことであるならば、私は仏にならない、ということですから、要するに、私の寿命は限量がない、無量ということであります。そこで十二、十三の願は光寿二無量の願といいますが、光寿ともに無量ということを誓われましたのは、自分が仏になったら、こういう仏になりたい、という仏身の成就ということであります。こういう仏になって、こういう国をつくって、その国へこういう衆生を生まれさせたい。こういうことによって、衆生の苦がなくなり衆生を最も幸せなものにしたいという願が光寿二無量の願ということであります。寿命というのは仏のおからだの本体でありますし、光明というのはその用きであります。それを「体」と「用」といいます。寿命は時ですから縦にいついつまでもということ、光明は横にどこまでも照らす、そういう仏になりたい。これをまあ時間と空間と申しますが、時間的にも限りがなく、空間的にもくぎりがない、そういう用きのある仏になりたいという願をお立て下さったのであります。

何でもないことのようですけれども、十方世界ということがありますが、世界という字は、仏教の言葉で、今みんな使うようになりまして、西洋の訳語でも世界々々といっておりますが、世というのは縦の時間ということでありまして、代々ということであります。界というのは横のひろがりでありますから空間ということであります。だから世界ということもそれで時間と空間の一切を現わすということであります。十方世界念仏衆生というようなことも出て来ます。世界の衆生を救うためには、縦にも横にも無量寿命の無量の光明の仏でなかったならば助からん者が出るわけであります。

お経の中にも、阿難が、一体その仏の寿命はいかほどの寿命でありますかということを尋ねたことがあります。ひょっとすると御寿命がもうつきてしまっておるかもしれん、そうするとお助け下さるお力があっても、それがきれてしまっておるかもしれん。それでは、何百年前に生まれた人は助かるかもしれんが私は助からぬ。又百年できれるということであったら百十年目に生まれたものは助からんということになる。それでは十方世界の十方衆生を助けるということができないのであります。だから、寿命無量であり光明無量の仏にましませばこそ、昔の人間も助かるが、今日のわれわれも助かり、未来の衆生も助かるということであります。第十八願の十方衆生を助けたまう御仏となり、すべてのものが助かるというわけはそこにあるのである。如何に助けたいと思いましても、助ける方の仏の寿命が無量でなく、光明の用きが無量でなければ漏れる者ができるのであるから、十方衆生を救うという大慈悲の心は成就しないわけであります。仏心者大慈悲、仏の心というものはどんなものかといえば大慈悲是なり、「無縁の慈をもて、もろもろの衆生を摂す。」(『観経』・九五)というお言葉がありますが、それでこそ、仏という方のお心が貫徹するわけであります。だからこの四十八の本願の目的は十方衆生を救う、過去の衆生、現在の衆生のみならず、未来の衆生を永久に救うというのが、仏心者大慈悲でありますから、そういう仏にならねばならん、ということで、寿命無量の願と光明無量の願をお誓い下されて、こういう仏にならずばおかんというのが、この願であります。この願成就して光寿二無量の仏になられた、だから私どもが助かるわけで、私どもの助かる本源はここにあるのであります。

『正像末和讃』の十八番目でありますが、

超世無上《ちょうせむじょう》に摂取《せっしゅ》し　選択五劫《せんじゃくごこう》思惟《しゆい》して
光明寿命の誓願《せいがん》を　大悲の本としたまへり。（五五六）

と、御開山が晩年にお喜びになった。如来の御本願は超世の本願であって、世の中、世間をとび超えた、因果の道理をとび超えた御本願であるということで超世、無上は無上殊勝の願を建立したまへり。世間因果の道理をとびこえるために、無上の慈悲をもってわれわれを助けようという、本願を起こして摂取して、その願を起こすために、選択五劫思惟して、五劫の間どうしたら助かるか、こうしたら助かるかという御思案をして遂に光寿二無量の願をお立て下さったということであります。その願成就するためには兆載永劫という、数限りない長い間の修行を経て、その本願が成就して阿弥陀仏という仏になられたのでありますから、光明寿命の誓願を大悲の本としたまへり、とあるのであります。光明無量寿命無量という誓願を立てた、これが衆生を救うという大慈悲の救済の根本であり本源である。光明無量の願、寿命無量の願を起こされたればこそ、われわれのようなものが、どこにおってもまたいつの世に生まれても、十方衆生漏れなく助かるということになったのだからして、この大悲救済の根本は光寿二無量の御誓願にあるのです。この御誓願をお立て下されて、こういう光寿二無量の仏になられるということは、こういう五劫思惟の結果である。これでこそわれわれは助かるのである。したがってこれでこそこの親鸞が助かるのであるとお喜びになったのがこの御和讃であります。

さて、これは因願でありますが、この願成就の御文というものを見ると、因願のおこころがもう一つ明らかになって来ます。

仏、阿難《あなん》につげたまはく、無量寿仏は、威神《いじん》光明、最尊第一なり。諸仏の光明、をよぶことあたはざるところなり。(二八)

こういうお言葉が願成就の御文であります。それに引き続いて、光明のことがずっと出ておるのであります。

あるひは仏光《ぶっこう》の百仏《ひゃくぶつ》世界をてらすあり。あるひは千仏世界なり。要をとりてこれをいはば、すなはち東方恒沙《ごうじゃ》の仏刹《ぶっせつ》をてらす。南西北方《なんざいほっぽう》・四維《しゆい》・上下、またまたかくのごとし。(二八)

如来光明の無量なることをお説きになっておるのであります。仏によっては百仏世界より照らさん仏もあるし、千仏世界、世界は仏の世界ということになっておるのですが、千仏世界より照らさん仏もある。阿弥陀如来の御本願のお光は――御本願によってできあがったお光――東の方の恒沙の仏刹、数限りのない仏の国をも照らし、南も北も東も西も、四維は四隅、上方世界下方世界、至らざる隈なく照らしたまうのがこの阿弥陀仏の光明ということであります。

あるひは仏光の七尺をてらすあり。あるひは一由旬《ゆじゅん》・二・三・四・五由旬《ゆじゅん》をてらす。(二九)

一由旬という広さを照らす仏光もあるし、二・三・四・五由旬を照らす仏もある。人格の光とでも申しますか、親の光は七里照らす、亭主の光はここばかりといいますが、そういうとよくわかるのです。

　かくのごとく転倍して、乃至、一仏刹土《せつど》をてらす。（二九）

だんだん倍して、そういう光がこの国全体を照らすようになる。光のいろいろあることをお示しになって、その次に、釈尊が申されておりますのは十二の光明であります。

　このゆへに無量寿仏をば無量光仏・無辺光《むへんこう》仏・無礙光《むげこう》仏・無対光《むたいこう》仏・炎王光《えんおうこう》仏・清浄光《しょうじょうこう》仏・歓喜光《かんぎこう》仏・智慧光《ちえこう》仏・不断光《ふだんこう》仏・難思光《なんしこう》仏・無称光《むしょうこう》仏・超日月光《ちょうにちがっこう》仏と号す。（二九）

これが十二光であります。実は阿弥陀如来、無量寿仏の御光は、無量光でありますから十二と限るわけではないのでありますけれども、まあ私どもにわかるように言おうとすると、釈尊が十二として示して下さったのであって、十二の光ときまったわけではない。十二と示して無量ということをその中に含まして下さってあるわけであります。

　ついでに申しておきますが、それに引き続いて、光の御利益を仰せられて、三十三願の成就の御文をここに一緒にお話下さっております。

　それ衆生ありて、このひかりにまふあふものは、三垢消滅《さんくしょうめつ》し、身意柔軟《しんいにゅうなん》なり。歓喜踊躍《かんぎゆやく》して、善心《ぜんしん》生ず。もし三途勤苦《さんずごんく》のところにありても、この光明をみれば、みな休息《くそく》するをえて、また苦悩なし、寿終之後《じゅじゅしご》に、みな解脱《げだつ》をかうぶる。（二九）

私が仏になったら光明無量である、そうならねばおかん、そういう仏になりたいという願をお立てになったのですが、その願ができあがってしまっておるか、未成功であるか、それはできあがってしまっておるということを釈尊が知らして下さっておるのが、この成就の文というのであります。

この御光に触れた者は、これは話だけのように思うかもしれんが、そうではない。その功徳としてこの世において三垢が消滅し、貪慾、瞋恚、愚癡という三つの煩悩が消えて、そうして身も意も柔かくなる、苦しむ者は硬ばっておる、腹痛が起こると硬くなる、歓喜踊躍し、身も心も踊るほどに喜ぶ、そういう幸せになる。そうしてこういう凡夫の中からでも善心が出るようになって身も安楽になるし世も安楽になる。若し三途勤苦の処、地獄・餓鬼・畜生というような三途の苦しみのひどいところにおっても一たびこの光明にあいたてまつれば苦しみはやんでしまう。腹痛がやむようにやんでしまって再び苦しむということがない。それは持病のある人がおっても、持薬を持っておれば、病いが起こってもすぐ直る、こういうことで安心と喜びを持つようなものであります。そうして寿終わってのち皆解脱を蒙る、仏になるということであります。この光に接すれば、十二の光明の徳を受けるがために、この光明の御利益というものに生きながら遇わしてもらうということができるようになるのです。これは釈尊自らもそう味わい、本願は立てっぱなしでなしに、この本願が現に成就して、現にその用きをなしてござるのであるということを知らして下さっておるのがこの成就の御文というものであります。

寿命無量の願、その成就の文をみてみましょう。

仏、阿難《あなん》にかたりたまはく、また無量寿仏は、寿命長久《ぢょうく》にして、称計《しょうげ》すべからず。なんぢ、むしろしれりや。たとひ十方世界の無量の衆生、みな人身《にんじん》をえて、ことごとく声聞《しょうもん》・縁覚《えんがく》を成就《じょうじゅ》せしめて、すべてともに集会《しゅうえ》し、おもひをもはらにし、心をひとつにし、その智力《ちりき》をつくして、百千万劫《こう》にをいて、ことごとくともに推算《すいさん》して、その寿命長遠《ちょうおん》のかずをはからん。窮尽《ぐじん》してその限極《げんごく》をしることあたはじ。(三〇)

釈尊は寿命無量の御本願の通りに成就して、寿命無量の仏になられておるということを紹介せられるのに、こういうたとえを出して、お前わかるかどうか、たとえて言うならば、十方世界の無量の衆生ですから、一つの世界でない、あらゆる衆生が、衆生でありますから凡夫でしょう。あるいはもっと広く、蚤でも虱でも、馬でも牛でもといいましょうか、そういうまあ生きとし生けるもの、それがみんな人生の身になり、それが悉く声聞、縁覚のような智慧を得て、それが又一緒に集まって——大分話が大きい——ぼんやりしておるのでない、思を禅《しず》かにし、あれを思い、これを思う心をやめて、心を一つにして、熱心にその智力をつくして、智慧の一切を尽して百千万劫という長い間、悉く皆が一緒にこの如来の御寿命を計算しようとしても、その御寿命の長さの限りというものを知ることができない。このように言えば無量寿の無量ということの意味がわかるのですね。われわれ八十年や百年で死ぬようなものは、無量ということをいわれても、それはただ言葉だけでちっとも思い浮べることができない。こういう譬で、阿難尊者に無量寿仏の寿命が長くして、とても量ることができぬということをお知らせ下さっておるのであります。

親鸞聖人の『教行信証』の、「真仏土の巻」を開きますと、

顕浄土真仏土文類《けんじょうどしんぶつどもんるい》五（三一五）

こうお書きになって、その次に、

　光明無量の願、寿命無量の願（三一五）

こう挙げておられます。わかりよく言えば、真仏、即ち親鸞聖人の申しておられる仏というのはどういう仏か、ということを現わしておられるのであります。

　つつしんで真仏土を按ずれば、仏はすなはちこれ不可思議光如来なり。（三一五）

仏々といっておるが、その真仏は、不可思議光如来、

　土はまたこれ無量光明土なり。（三一五）

その仏の国土、安楽とか極楽とかいっておる浄土というものも、よくよく考えて見ると無量光明土である。如来は不可思議光如来、その如来である、不可思議であるからわれわれがどんなこんなと言っては見るけれども、ほんの一部分の意味で、本当は言いつくして見ることができぬということです。だから親鸞聖人は「帰命尽十方無碍光如来」普通に言えば南無阿弥陀仏といっておりますが、もっとお徳から詳しく言えば帰命尽十方無碍光如来、ここには、曇鸞大師に従って、南無不可思議光如来、光ということを言いたいのでしょう。帰命とか南無という字をつけて仏の名前になっております。それは別に意味がありますが、御開山聖人はこの九字、十字のお名号をならべて掛けて拝んでおいでになったのですから、仏は尽十方無碍光如来、東西南北四維上下十方を尽して無碍の光をもって照らしたまうお方であります。仏々というのは、そういう仏である。

ところが、お互いに毎日拝んでおるのは、こういう仏さんでなくて、絵に書いてある、これを絵像といいます。これを仏さんだと思っておる。蓮如上人は真宗の御本尊は阿弥陀である、こうおっしゃって、そのお徳からいえば帰命尽十方無碍光如来と申し南無不可思議光如来とすとおっしゃる。この光の如来ということが一番大事なんであって、木像よりは絵像、絵像よりは名号、名号には光ということは現わしておられんけれども、尽十方無碍光如来、不可思議光如来という光の如来、その光の如来なんというと凡夫にはわかりにくいから絵で現わしてある。釈尊のようなお姿を絵で現わしてあると私どもにわかりやすい。もっとわかりよくうしろに後光をつけた木像を拝むということになった。けれどもそれは方便であって、真仏というのは光の如来ということである。真土、本当の御国ということは、先にも申しましたように、こういう仏になって、こういう国をつくって、そこへこうして生まれさせたい、そうして助けよう、ということですから第二番目に土をおっしゃったのです。土というのはどんなのかというたら、「またこれ無量光明土なり」これはいろいろに言い表わし方もあって、『観経』には極楽といってあります。そうしていろいろの荘厳の有様、功徳の有様が説いてあります。けれども、真仏土というならば、無量光明土、無量光の国ということです。だから「また」という字は「亦」の字を書いて、如来の国ということも亦光明だ、土も亦、光明の土であります。

しかればすなはち、大悲《だいひ》の誓願《せいがん》に酬報《しゅうほう》す。かるがゆへに、真の報仏《ほうぶつ》土といふなり。(三一五)

何でこれを報土というかというたら、それは無量寿の仏になり無量光の仏になろうという願をお立てになって、その光寿二無量の願の徳に報いて成就されたからして、それでこれを報土というのであって、因願に酬報する、その願に報いて成就された仏だからして真仏は光明の如来、お国はといったら光明の土、こういう国が如来の国というものである。

その次には、「大経にのたまはく」といって十二の本願をお出しになり、又寿命無量の十三の本願をお出しになり、それから先に話したような「無量寿仏の威神光明、最尊第一にして、諸仏の光明のをよぶことあたはざるところなり」（三一六）と、未来永遠に照らしたまう光の仏である。それを釈尊が「無量寿仏は無量光仏乃至超日月光仏と号す」こういう十二の光をもって仏を呼ぶ、こういうかえ名を以て仏を呼びたもうことである。といって、十二のお徳を挙げて、光の仏ということをお示し下されたのであります。

そうしてその光に接する者は、こういう幸せを得るのだ、というので、三十三の願成就の文を引っつけてお話になっているのです。親鸞聖人は、それをだいじに、『教行信証』には二箇所、十二光仏と三十三願を釈尊がお経に連ねておられるように『教行信証』にも連ねてそれを引いて、余程大切にし大いに喜んでおられるお姿がわかるのであります。

三十三願というものは、いずれ三十三願のところへ来ましたらなお一層詳しくお話をいたそうと思いますけれども、毎度注意いたしますように、三十三願は、

たとひわれ仏をえたらんに、十方無量不可思議の諸仏世界の衆生の類《るい》、わが光明をかうぶりてそのみにふれんもの、身心柔輭《しんじんにゅうなん》にして、人天に超過《ちょうか》せん、もししからずば、正覚をとらじ。（二一）

という、この世において幸せ者にしてやろうということが三十三願である。そうするとこの如来の、光明無量寿命無量の仏身を誓われた十二、十三願は、死んでからでなくして只今その御利益を受けて、言い換えればその願成就、「このひかりにまふあふものは三垢消滅し身意柔輭なり。歓喜踊躍して、善心生焉」「焉に生ず」と読みますが、親鸞聖人は「生ず」と読んでおられます。「もし三途勤苦のところにありてこの光明をみればみな休息するをえてまた苦悩なし。寿終之後にみな解脱をかうぶる」こういうように、地獄・餓鬼・畜生というはげしい苦しいところにおってさえ苦しんでおることがすっかり止む、起こってもまた止む。まあ私はそう思うのです。「心を弘誓の仏地にたて、こころを難思の法海にながす」(『浄土文類聚鈔』・四六〇)という親鸞聖人のお喜びです。弘誓の仏地に成就するといいますか、その仏地の上に心が樹って即ち如来の光に触れたものは、苦しみが起こるけれどもそれがなくなって行く、「また苦悩なし」それだけでしまいかというと寿終れば皆解脱を蒙る。これが必至滅度の願というものであります。そういうことにさえなれば、お互いよいので、この御利益を摂取不捨とおっしゃる。この光明に触れた者は、ということが摂取せられた者は、ということですな。この世において東西南北、御光が充ち満ちておる。身の上に来て下さっておる。心で空想するだけでなしに、現実の生活、物質の上に来て下さっておる。身心が柔軟になる。そして歓喜――喜び――がある。悪のかたまりの私から、何か知らんが今まで出なかった善心が生じて来る。だから捨てられるべきものが捨てられなかったり、憎まれるものが可愛がられたり、うまくいかんものがうまくいったり、人生の幸せというものが死んでからを待たずしてこの世から来るということにさしてやりたいために、光寿二無量の御本願をもって、光の如来となられたのであります。この世において、信によってこの如来に触れるということ、この如来の十二の光のお徳に触れるということ、如来を知るということ、如来を信ずるということによって幸せにさしていただく。えらい人だけでなくして「衆生の類」ですから未来でなくして只今、この苦しみがきれる。三垢消滅だからして煩悩の罪も消して下さる。だから正定聚の身の上にさしていただくことであり、又必ず滅度に至らしめて下さるという身の上になるのだというのが、親鸞聖人の救われた喜びであります。

だから真仏土巻の一番しまいに来ますと、ありがたいことが説いてありますが、

真仏《しんぶつ》といふは、大経《だいきょう》には無辺光仏《むへんこうぶつ》・無碍光仏《むげこうぶつ》とのたまへり。(三四九)

無辺光仏は辺りなく、至らざる隈なく光をもって照らしておられる御仏ということです。無碍光仏は、どんな煩悩があっても、どんな障碍があっても、その煩悩の障碍に妨げられず、無碍の力をもって必ず照らし摂め取って幸せにせずばおかんという仏であります。だから、

また諸仏のなかの王なり、光明のなかの極尊《ごくそん》なり。(三四九)

王は一人でありまして、諸仏中の最尊第一であります。此の上のない、光明中の最も尊い光明と申すのであります。それから、天親菩薩の『浄土論』を引いて、

論には帰命尽十方《きみょうじんじっぽう》無碍《むげ》光如来《こうにょらい》といへるなり。(三五〇)

それで仏を現わされまして、

真土といふは、大経には無量光明土とのたまへり。(三五〇)

大経の異訳にあるのですが、いつまでも照らし、どこまでも照らしてござる無量のみ光の国土である。それが仏様のみ国というものである。

あるひは諸智土《しょちど》とのたまへり。論(浄土論)には究竟《くきょう》して虚空《こく》のごとし、広大《こうだい》にして辺際《へんざい》なしといふなり。(三五〇)

この空中を見ておるようなものであって、この空中というものは限りがない、しかも広大である。それと同じようなのが如来のみ国というものである。一面では西方を指したり、何かここから向う、東でない西というように限りがあるようでありますけれども、それも方便の知らせ方であって、本当は東、西ということもなし、虚空の如く広大にして辺り限りがないというのが無量寿仏の御国ということであります。

往生《おうじょう》といふは、大経《だいきょう》には皆受《かいじゅ》自然《じねん》虚無《こむ》之《し》身《しん》無極《むごく》之《し》体《たい》とのたまへり。(三五〇)

皆自然虚無の身、無極の体を受ける、と申されまして、そういう心になるということが往生ということであります。

論(浄土論)には如来《にょらい》浄華《じょうけ》衆《しゅ》正覚《しょうがく》華化生《けけしょう》といへり。(三五〇)

これは如来の善巧方便によって、如来の御念力によって信ずることができるようになると、そういう心持ちが生まれて来るからして、如来の浄華衆、聖衆というものは、如来の正覚、光寿二無量の仏になられたというその本願から出て来たものであると申され、

また同一念仏して無別道故《むべつどうこ》といへり。(三五〇)

こう申されて、

また難思議往生《なんしぎおうじょう》といへる、これなり。(三五〇)

そういう助かった身の上になることを難思議往生を得るとこう申すのであります。

こういうことで、御身と御国と、そこへ往生させられるというのはどんなものになることかということを示して下さるのが、真仏土の巻と申すものであります。まあよくよく味わうべきことであります。

ひるがえって『正信偈』を拝読しますというと、

五劫《こう》これを思惟《しゆい》して摂受《しょうじゅ》す。かさねてちかふらくは名声《みょうしょう》十方《じっぽう》にきこえん、と。(一九〇)

それからすぐ出て来るのが、

あまねく無量、無辺光、無碍、無対、光炎王《こうえんのう》、清浄、歓喜、智慧光、不断、難思、無称光、超日月光をはなち、塵刹《じんせつ》をてらす。(一九〇)

塵刹は塵のような国ということですから、微塵の塵はたくさんで数えられません、それほどたくさんの十方世界ということです。

一切の群生《ぐんじょう》、光照をかふる。(一九〇)

とあります。「弥陀成仏のこのかたは、いまに十劫をへたまへり」(『浄土和讃』・五一四)とお喜びになったように、十劫ということは遠い無量の昔からということで、数えられんということを数字で現わされたのでありまして、数限りもない無量の大昔から只今今日まで、弥陀成仏このかた以来お照らし下さっておる。「法身の光輪きはもなく、世の盲冥をてらすなり」（五一四）法身の光輪はこの微塵の世界を照らして下さっておるということです。生きとし生けるものが一切の群生です。ほかのものは放って置いてもよい、われわれ一切群生にはこのみ光を蒙らしておられる、このみ光を仏と申すのである。無量光のみ光であり無量寿のみ仏であるからして、一切の群生み光を蒙っておらん者は一人もないのだ、ということが書き出してありまして、そういう仏であるということだけでも、ありがたいと思われないことはないけれども、本当はそれでは助からんのであって、その光が本当に信ぜられて、本当に自分の身に触れるということでないと本当は助からないのです。薬の効能書を読めば、効くにきまっておるけれども、飲まない間は滅多に効くということはない。だからそれを照らしておられるということは、凡夫にその光に触れさせたいということであります。それが第十八の本願で、この光に遇う者は、とありますように、この光に触れさせたい、そうして心のみならず身に光が触れて、われわれが光照を蒙ると、尽十方の光明でありますから、頭の頂から足の先まで、どこへ歩いて行こうとも、全体がすっぽりとこの光明のうちにあった、ほんにそうだったということにならせたいのです。そうならなければ助かるということはないのであります。そこが本願に三信ということを申されておるわけであり、親鸞聖人は、行者帰命の一心なり、帰命するということがなければ、信ずるということがなければ、聞けども聞かざるが如く、見れども見ざるが如し。私は子供のときに、母などと一緒に炬燵にあたりながら、かくし絵というものを見たのを思い出します。ときどき新聞なんかにポンチ絵がありますが、かくし絵というのは、たとえば杉の木に灯籠があって、この中に娘さんがかくれているというのです。子供のときに、右からも見、左からも見、考えてみて、おらんおらんといって、わからんで困っておると、母が、これが人の口でこれが目で、これが振袖でと教えられて、ああおったおったというわけでそれを一ぺん信ずるとすっかり見えて、もうそれは何べん見てもおる。これは嘘かというと嘘でない、あるべきはずのものなんです。ともするると信ずるということは、ないものをあると信じておくのだと思ってる人がありますがそういうことではない。真宗の御本尊は特に東本願寺系統は、仏像をすっかり皆拝ませてあるということは大変嬉しいことだと思います。少しかくしたり、甚だしきにいたってはお扉が閉めてあったり、たとい出してあっても緞張が下っておったりします。見せたらありがたがらないから半分より見せないところがよいのかもしれません。真宗の御本尊は、特に大谷派の御本尊はみんな見せてあるのです。ないものをあると思ったり、無理から有難いと思っておるのでなしに、あるべきものがはっきりとわかったことが信じたということです。だから話ばかり聞いておると、光寿二無量、これは話して見ようがない、光明無量、寿命無量、時間と空間で、十方世界を照らす、何ぼ話しても言っておれば言っておるほど味が出ずに粕になって来るような気がする。けれども本当は塵刹を照らし「一切の群生光照をかふむる」親鸞聖人は光照は皆蒙っておるのだ、探し絵がわかった方は、頭の頂から足の爪先まで蒙っておるのだ、それは、ないと人が言っても、見えた振袖の別嬪さんは、どうしたってなくなりはしません。わからん間は、妹や弟が来て、どこにどこにと言っても、どこから見てもわかりません。そんなものはおりません、ひとりわかったものだけがニコニコして、そこにそこにと言うけれども……。それは今こしらえたかというと、こしらえたものでない、あったものが信じて見えて来た、信じない者にはあっても出て来ない、そういうことなんです。二と二を寄せたら四になる、それはわかったこと、二と二を寄せて四になる、その四の外にわからんXというものがある。それは仏様の力だ。信じたものにはどうしてもそういう力があるのだという。人に見えないものが見える。それは気の迷いだ。空想であると人が言っても、探し絵の見えた人には、もう事実なんでありますから、それをおっしゃる。だから親鸞聖人なんかのお言葉を読んでおると、先の「弥陀成仏のこのかたは、いまに十劫をへたまへり、法身の光輪きはもなく、世の盲冥をてらすなり」（五一四）盲の目があいた、われわれ松の木と灯籠より見えなかった、その娘さんが見えなかったのは盲なんだ、いつまで見ても横から見ても縦から見ても見えない、けれども一つ信の目が開くというと、それがありありと見えてくる。法然上人が、

月影のいたらぬ里はなけれども
ながむる人のこころにぞすむ

とおっしゃった。

これは光明遍照、十方世界、念仏衆生、摂取不捨のこころ、『観経』の一番大事な第九真身観という観法の中の御文であります。けれども観法というのは方便だから、実はその方便によって、念仏衆生摂取不捨ということを知らせたい。仏を信じ念仏すれば摂取不捨の身の上になる。ああみ光

は来ておって下さる。今見えたから今来られたのでない、大昔から来てござる。親鸞聖人は盲に目を開け、目さえ開いたらそれで助かるわけでありますから、信の目を開かそうと思い、御和讃に、「智慧の光明はかりなし、有量の諸相ことごとく、光暁かふらぬものはなし、真実明に帰命せよ」(五一四)という御和讃から以下十二首の御和讃をもって、この十二光仏を御讃嘆なさっているのであります。第一首目は、われわれの仏様はどんな仏様、光の仏様、光を放って衆生の目を開かそう、どうして開かせる。有量の諸相ことごとく光を蒙らんものは一人もないのだぞ、だから真実明、真実の智慧の仏様に帰命せよ、とおっしゃる。この仏様の仰せに従って信じたてまつれば、そのみ光が自分のものになって、不断光とおっしゃったが、ほんに不断光仏、歓喜光とおっしゃったが、ほんとに歓喜光仏であった。こういうように如来の光明が光明と知れ、十二のお徳がお徳と知れて、喜ぶことができるのです。そういう身の上にさしてやりたい、ということが第十八願、救いの本願であって、その救いに入れさす仏はどういう仏であるかというならば、光明無量、寿命無量の阿弥陀仏であります。南無阿弥陀仏という念仏は、光明無量・寿命無量というそのことを現わしてられる。だから十二光の和讃を読んで行きますと、難思議を帰命せよ、大安慰を帰命せよ、帰命せよ帰命せよ、仰せを疑わず帰命したてまつれば必ず十二のみ光のお徳が私にいただかれて、そうして三十三願のように、つまり、その願成就の御文のように、三垢消滅して身意柔軟にして踊躍歓喜して善心ここに生ずるわけです。苦しみがあっても悩みがあっても、命がある間は苦悩があるけれども、再びどうもこうもならんということにはならない。そうして最後には必至滅度、解脱をさしていただく、仏のみ光の中に入れていただくということ、この三十三願は、親鸞聖人は摂取不捨の願と仰せられる。十二、十三の光寿二無量の願を摂取不捨の願と昔から言っておる学者もありましたし、または第十八の本願がお救いの御本願だから、それが摂取不捨の願だといっておる人もありますけれども、親鸞聖人が八十三歳になって四十八願文に点を施し、願名をおつけになった、「四十八願」の中にはこの三十三願を摂取不捨の願といってあります。この三十三願は光明の別願というのであります。真仏というは帰命尽十方無碍光如来なり、真土というは無量光明土なり、東西南北四維上下如来の光明が充ち満たさせておられる。その光明の中に私が摂め取られておる身であるということがわかるようになったのが摂取不捨ということであり、光の如来の国に生まれたということであり、助かったということであります。その人は必然として十一の本願がましますから、正定聚に入れしめられる、正定聚に入れば必ず滅度に至る。このみ光の世界に、今も助かるが未来永遠に助かって行くという本当の幸せ者ということになるのです。十二、十三の光寿二無量の御本願をお立て下されたればこそ、私どもの知らない間に、この世界中を照らし照らして、どうかしてこの眼を開かせようとなさっておられる。法然上人は、「月影」の歌のように、念仏衆生摂取不捨の喜びを三十一文字にお作りになった。月影のいたらぬ里はない、照らしておって下さるのだ、ただ眺むる人の心にぞすむのだ、見える人には見える、見ない人にはあっても見えない。見えない人は、そんなものはあるものかというが、眺むる人の心にぞすむのです。親鸞聖人は、念仏衆生ということは南無阿弥陀仏、南無阿弥陀仏と言っておることではない。法然上人はわかりやすいように、南無阿弥陀仏、南無阿弥陀仏と言っておったら、その念仏が摂取不捨すると言っておられるけれども本当はそういうことではない。親鸞聖人は、

十方微塵《みじん》世界の　念仏の衆生をみそなはし
摂取してすてざれば　阿弥陀となづけたてまつる。（五二七）

阿弥陀というこの仏は、なぜ阿弥陀というかというと、念仏する者は必ず摂取して捨てない、摂取不捨するという仏だから阿弥陀というのである。即ち光寿二無量によって私どもを摂め取って下さる仏さんだからして阿弥陀というのである。光のあなたの国の中に生まれさせて下さる仏なるが故に阿弥陀と申すのである。ただし念仏というのは仏を憶念することであって、信心の人を摂取して捨てぬと仰せられることである、こういうことを知らして下さるというのが親鸞聖人である。今の法然上人もそれと同じで、眺むる人の心にぞ住む、称うる人の心にぞ住むとは仰せられぬ。月影のいたらぬ里はなけれども、本願成就して無量寿仏は無量光を放って——十二の光を放って——下さっておる。眺むる人の心にぞ住む、信心の眼の開いた人こそ助かる。この助かるということは三十三願成就の喜びにはいる。「歩々光明際、生々摂取の中、三百六十五、日々春風に在り」こう古徳は喜ばれました。「日々春風に在り」というまでに行かなくとも、やはりいろんなことを思います。けれども、み光に照らし護られるという、これこそは今までわからなかった安心であり喜びである。このように救われるということを知らせたいというのが、親鸞聖人の御教化と申すものであったと思われます。そのもとは、光明無量の願・寿命無量の願をお立て下さって仏身を成就なされたれば

こそ、また摂取ということの事実に接するというと、本当に兆載永劫の御苦労と、五劫思惟の本願があったればこそ私に安心がいただけるのだということが、ほのぼのと伺われてくる次第であります。

第十四願　声聞《しょうもん》無《む》数《しゅ》の願《がん》

たとひ、われ仏をえたらんに、国中《こくちゅう》の声聞《しょうもん》、よく計量《けりょう》ありて、しも、三千大千世界の声聞縁覚《しょうもんえんがく》、百千劫《こう》にをいて、ことごとくともに計挍《けきょう》して、そのかずをしるにいたらば正覚《しょうがく》をとらじ。(一七)

第十四は声聞無数の願という願名になっております。国の中の声聞でありますから、お浄土にも、人間と名づけ天人と名づけ、声聞・縁覚・菩薩という名をもって呼んでおられるのでありますが、それはわれわれの国で現在呼んでおる名前を借りておつけになったものです。声聞は如来の声を聞いて道を修めて行く人でありますから、人間、天人、その上のもう一段勝れた方を声聞というのであります。仏の直弟子であります。その国の中の声聞が、能く計量有ることがない、たくさんおられるということで計ることができるようであったら仏に成らんというのですから、計り知れないほどたくさんの声聞のお弟子があるというわけであります。それは三千大千世界、如来の浄土でない、あらゆる外の世界の仏のところにおいて、声聞と縁覚、縁覚というのは声聞のもう一つ上の位の人であります。つまり普通の人間よりえらい人ということであります。そういう声聞なり縁覚なりという人々が、百千劫という非常に長い時間の間、悉く寄って一緒に、計挍は、はかり考える、計算をして計り考えてもその数を知ることができないほどたくさんの声聞がある、というような国にいたしたいということでありまして、即ち如来のみ国に生まれた者はその数計り知れないほどたくさんあるようにいたさなければおかんということであります。

この願成就の文は、次のように述べられています。

仏、阿難《あなん》にかたりたまはく、かの仏の初会《しょえ》の声聞衆《しょうもんしゅ》のかず、称計《しょうげ》すべからず。菩薩もまたしかなり。いまの大目犍連《だいもくけんれん》のごとく、百千万億無量無数《むりょうむしゅ》にして、阿僧祇那由他劫《あそぎなゆたこう》にをいて、乃至滅《ないしめつ》度《ど》まで、ことごとくともに計挍《けきょう》すとも、多少のかずを究了《くりょう》することあたはじ。(三〇)

この意味は、仏が阿難にお話になるのには、かの仏の初会の声聞衆の数は計ることができぬ、たくさんある。声聞だけでない。菩薩の数も知ることができないほどたくさんある。それを譬をもって言われまして、今ここにおる大目犍連、釈尊のお弟子大目犍連は神通第一という、非常に、智慧の力の強い方です。このような方が百千万億無量無数にして、数えられないほどたくさんあって、そうして阿僧祇那由他劫という、非常に数えられないほどの長い時間、そして、乃至滅度まで、その人が死ぬまで、命のあらん限り悉く一緒に計り考えても、そのお弟子の数をはっきりと究めつくすことができぬ。これが釈尊の説明であります。そこまでを願成就の文と申されます。

なおそのあとに加えられて、

たとへば、大海の深広無量《じんこうむりょう》なるを、たとひ人ありて、その一毛《いちもう》をくだきてもて百分《ひゃくぶん》となして、

一分《いちぶん》の毛をもて、一渧《てい》を沾取《てんしゅ》せんがごとし。こころにをいていかん。（三一）

と、釈尊がおっしゃるのです。譬えて言うならば、大海の水は非常にたくさんある。それを髪の毛一本をぬいて、それを百にして、その一つの髪の毛に大海の水をつけて、それから渧らして見たらどんなものか、その渧って細い滴が落ちた、その滴と残っておる大海の水と比べたらどんなものだろう、とおっしゃってあります。そうすると阿難は、それは申すまでもなく、一本の毛の百分の一の細いものを浸けて、一滴二滴渧ったところのものを、残っておる大海の水に比べれば、それはもう計算することができないほどたくさんなものであります。まるで比べものになりません、と言いますと、仏が、目蓮のような賢い人が長い間考えてもわからんというほど多いということは、そういうことを言ったのであって、法蔵菩薩が願を立て、阿弥陀如来となられたときに、その国においてみ教えを聴聞する方々というものは数限りのないたくさんの人々であるということをお説きになったのであります。

まあ、これは何を申されたものだ、ということは、あまり興味がなさそうであります。けれども、要するに、前に御自身は、光明無量の仏となり、寿命無量の仏となりたいという願をお立てになったのでありまして、光明も寿命もすべて無量であるという仏になられたのでありますから、その暁に如来の教えを聴聞して助かった声聞菩薩もまた、限りがないほどたくさんであるということを示そうとしておられるのであります。尽十方無碍光如来といいますように、東西南北、四維上下、十方を尽して、はてしない光明無量の仏になりたいと仰せられたのでありますから、また絶対無限であるという仏になり寿命無量の仏になりたいということでありますから、その如来のお話を聞いて救われるものも、数限りのないことであります。それはわれわれがこうじゃああじゃということを考えても想像がつかんほどのことであって、即ち尽十方無碍光如来という絶対の慈悲の仏になられた、その御利益を蒙った弟子というものも数限りがない、ということを、知らせたいのであります。

第十五願　眷《けん》属《ぞく》長寿《ちょうじゅ》の願《がん》

たとひ、われ仏をえたらんに、国中の人天、寿命よく限量《げんりょう》なからん。その本願の修短《しゅたん》自在ならんをばのぞく、もし、しからずば、正覚をとらじ。(一七)

第十五は、眷属長寿という願であります。要するに、これも、如来の御光が絶対でありますから、その御光に照らされて助かったという人も絶対であります、それが仏の家族、如来の家の家族というものであります。国の中の人天というのは、如来の御国の中の、これはまあ一番低い人間天人ということです。その如来の国に生まれたその家族というものはその寿命に限りがあるというようなものであるならば仏にならぬ。すでにわしが仏になった暁には、我が国に生まれたその人間の寿命というものは無量寿のものにいたしたい、そういたさねばおかんという願であります。但し、ただし書きがありまして、但しその本願として、「修短」というのは、修は長い、短は短い、自分の寿命を長うしようと短うしようと、それは自身がそうしたいというならば自由である。如来の御国に生まれて千万年も寿命があっても仕方がない。自分は娑婆に帰って衆生を救いたいというような願いがあって、早くその浄土から他の世界に出て、人々のために尽すとか、あるいはもう少し長くいて外へ出て人々のために働くとかいうようなことで、その国から出て行きたいということならば、十歳で出ようと、三歳で出ようと、それはその本人の願いならば長くとも短くとも自在になるのだからして、それは除く。それ以外の者はすべて自然に如来の御国に生まれた者ならば、その人の寿命が無量ということにならしめたいという願であります。卑近に申したら、私どもが年をとりまして、もうそれだけおったら十分だろう、こう思います。けれども、私ども子供のときには、もう六十にも七十にもなったら何時死んでもよいようになるだろう、ちょっと生き過ぎたと思われるだろうといいます。けれども、年が寄れば寄るほどもう結構ということはないので、結構ということがない間はいつまででもおりたい。近来、私も死ぬるということが嫌になり、死ぬるということが情けなくなって、娑婆恋しいという心がだんだん強くなっています。私の従弟である京都の願照寺の住職がそう言われました。もうあんたも七十位になったら人生も堪能するだろう。いやいやなかなかそうではない。年が寄れば寄るほど娑婆が恋しくなって、もう放り出されて出て行かねばならんと思えば思うほど、一層命が惜しくなって来るものだ。若いときにもっと勉強しておいたらよかった。命があったならば、もっとああもしたい、こうもしたいということがだんだんはげしくなって、後悔すればするほどもっとおりたいと思う。例えて言ったら、がまぐちにたくさん金がある間は、ちっとは無駄にも使わないと気になって仕様がない。あれも買うて見ようか、要らんけれどもこれも買うて見ようか、といった気が起こって、惜しいとも何とも思わないものだ。けれどもだんだん使って行ってお金が少なくなると、もうその時分は、いよいよ十円二十円の金でも大切になって離さんようになるものだ。ちっとでもそれを長いこと持っておって有益に使いたいような心がだんだん強くなる。だから、兄さん、なかなか死にたいとは思えないものだ、と言ったことがあります。それは実感であります。自分が年寄って見ると一層そういう心が強くなって来ます。だから、私共の本当の幸せということは、寿命が八十とか百とかいうことがないようにならしめてやらんことには、助かったとも幸せとも言えないのであります。それでこそ眷属長寿という願をお立て下さったのであります。

　これで思い出しますのは、『教行信証』の「信の巻」を開きますと、真実信ということはどんなことかというと、

　大信心はすなはちこれ長生不死《ちょうせふし》の神方《しんぽう》、忻浄厭穢《ごんじょうえんえ》の妙術《みょうじゅつ》、選択廻向《せんぢゃくえこう》の直心《じきしん》。（一九七）

というお言葉がありまして、その信心の功徳、信心の有難さというものを十二の名前を挙げておられます、その最初に出て来ますのが長生不死の神方というのであります。神とは不思議とか勝れたということでありまして、勝れた方法というのが神方であります。信心を得れば長生きをして死なない。西洋の方では、エターナル・ライフとかキリスト教の方でも言うそうですが、生命が八十とか百とかいうことで切られておるということが人間の苦しみということであり、不幸ということでありまして、本当に自分の満足する願いというものは、長生きということであって、もっと進んでは永遠に死なないということ、即ち寿命無量ということが、われわれの中心の願いであります。寿

命無量が得られないということで百とか八十とか切られておるということが一つの苦しみということでありますから、凡夫の苦しみを救うということは、今さしてそう思えません。けれども、よく考えて見ると、如来の寿命が無量なる如く、その御国に生まれ救われた者は、長生であり不死であるということにさせてやりたいということであります。

前から申して来ましたように、この願にも国中人天という言葉がありまして、国中人天ということは、死んでから此の世を去って極楽浄土に、この如来の御国に生まれた者というように、普通説かれておることもあります。けれども長生不死の神方という文字を見てもわかりますように、信心の人は如来の国に生まれたものでありますから、国中の人天寿命量ることのないことにさせてやりたいという御本願に相応して、信心ということは信心そのものが長生の法であり、不死の法であるということをお示し下されたのです。わかりよく言えば、如来の御国に生まれて、その眷属となれば寿命の限りないものとしていただくことができる。ということは、信心の人が只今からそういう身の上にされるのであるということで、信心の人の徳ということをお示し下さったのであるというように身近く我身の上に味わしていただくということが大事なことでありましょう。無論、死んで如来の国に生まれてそうなると思って喜んでもよいでありましょう。けれどももう一つ身に引き寄せて、信心の人となり如来の眷属となれば、只今からその人はもう長生の者であり、不死の者にさせていただくものであるということを喜ぶことができる。そういうことは、天親菩薩でも曇鸞大師でもお喜びになったのであって、特に御開山聖人は、臨終の沙汰無用なりとおっしゃって、真実信心を喜ぶ身の上になろうと、自分の年や此の世の命ということに頓着なくなって、自分の心持ちは、長生不死の身の上になったと喜ぶことができるのであります。

これは要するに、からだの問題でなくして心の問題であります。実は『教行信証』に『涅槃経』を引いてありますが、阿闍世大王が、耆婆大臣よ、

われ、いま、いまだ死せずしてすでに天の身をえたり。短命《たんみょう》をすてて長命をえ、無常の身をすてて常身《じょうしん》をえたり。(二六九)

と言って信心の喜びを述べておられますが、死というものが問題でなくなった、ということが如来の光に遇わしていただいた信心の徳というものであります。はじめは、死んでからそういう身の上になるのだと聞かされて、だんだん信を喜びますというと、死んでからでなくして今からもう死なないものにさせていただいたという喜びが、あの阿闍世王が飛び上るような喜びを持たれたように、命が切れるという「死」ということが問題でなくなってくる。「短命をすてて長命をえたり、無常身を捨てて常身をえたり」(二六九)と言って喜ばれた、そういうものと致したいということが、この本願のお心であろうと思うのであります。

最後に本文とほとんど違うところはありませんが、願成就の御文を挙げておきましょう。

声聞《しょうもん》・菩薩《ぼさつ》・天《てん》・人《にん》の衆の寿命の長短も、またまたかくのごとし。算数譬喩《さんじゅひゆ》のよくしるところにあらず。(三〇)

第十六願　離《り》譏《き》嫌《けん》名《みよう》の願《がん》

たとひ、われ仏をえたらんに、国中の人天、乃至《ないし》、不善《ふぜん》の名《な》ありときかば、正覚をとらじ。(一七)

第十六の願名は離譏嫌名と出ております。「譏」はそしり、「嫌」はきらう、譏られたり、嫌われたりするような名前をも離れさせたいという願であります。人から譏られたら苦しい、嫌われたら苦しい。譏られて苦しんだり、嫌われて苦しんだりするような名前さえないということは、そういう名の者にならない、あるいはそういう名の者にさせないということです。

願文に国中人天とありますから、如来の御国の中に生まれた人、ということであります。乃至というのは、人間、天上、声聞、縁覚、菩薩ということでしょうね。これは譏嫌と言わずに、広く、不善の名、好ましからざる名がついておるようなものとはならないようにしたいということでありま す。乃至ということがちょっとわからなかったのですが、願成就の文から見ると、人間だけではなし、その国の中の一切の国土というものも、ということが乃至でしょうね。

この願成就の文は次のように記されています。

三塗苦難《さんずくなん》の名、あることなし。ただ自然快楽《じねんけらく》のこゑのみあり。このゆへにその国をなづけて安楽といふ。(三六)

これだけが釈尊が御説明になった願成就の文というものだと教えられております。「三塗」というのは、地獄・餓鬼・畜生の三悪道であります。無論、三悪道の名など極楽にあるわけはない。そのほか苦しいとか困難とかいうような名前はあることがない。人の上にも物の上にもそういう名前はなくして、あるものは但「自然快楽の音」、「自然」は他力自然、「快楽」は快く楽しいという、これは名の代りに音ですな。そういう名や音ばかりがあるからして、その国を安楽と名づけるのであると説かれています。

この願を見ますというと、わしが仏になったならば、その国の中に生まれた人々はもちろん、あらゆるものにも善からざる名前というものは一つもない、名前がない位ですから、そのものがないということは無論のことです。それは今私どもの世界を見ますと身体障害とか、あるいは病人とか、人間にもそういうハンディキャップを持った方がありますし、物柄を見ましても、いろいろの悪いもの苦しいものがあります。そういう名前、そういう声で呼ばねばならんようなものばかりがありまして、そのためにこの世界が苦しいのであります。韋提希夫人が不善の名ばかりを聞く、あいつも悪い奴だ、こいつも嘘つきだ、というわけで、不善の者ばかりがおる。こういうところには苦しくておられないから、こういうところを早く去って、阿弥陀仏の極楽国土というところへ往きたいと泣いて願われたのであります。だからその反対に、幸せな如来の浄土というものは、どんなものをつくってやればよいかといったら、その国には、善からざる名がない。即ち病人であるとか、女人であるとか、『浄土論』には、「女人及び根欠、二乗種は生ぜず」とあります。女の方には具合が悪いようですが、女に生まれて、女人といわれることが苦しい。憤慨せられておる心がきっとあると思うのですが、そういう女人という名をなくしたい、そして根欠というような、そういう、譏られたり、悪しく思われたり、憎まれたり、蔑まれたりするような名のついた者は一人もおらない。おるのは善人であるし、そのものの名をきけば皆の心が朗らかになるような快楽の音、その名を聞けば心持がよくなり楽しくなるようなものばかりである。これと反対に、この世では朝起きてから晩寝るまで不快な名と声ばかり聞くのです。私どもは孫にいじめられて弱っておるのでありますが、孫どもは朝から泣く、喧嘩する、障子を破る、襖を叩く、いろんなことをして飛び歩く。するとこの家族生活というものも、非常に苦しいものになりますから、そういうことであっては、本当に安楽、幸福ということにならんのです。わが国には、そういう譏られたり譏らなければならんような人間、嫌われたり、嫌わなければならんような人間は無論、そういう名さえない。善人とか智者とか徳者とか親切とか可愛がってくれるとか、そういういい人の名ばかりであり、いいことばかりがあるようにということで、われわれが苦しく思い、譏ったり嫌らったりするような者もなければ、名もない、譏嫌の名を離れた国にしなければおかぬ。そこへ生まれた者は、みんなそういう幸せな生活をさせねばおかん、という、私共の衷心からの歎きであり、私共の衷心から願っておる、そういう国にいたし、そういう幸せにいたしたい、ということが、この離譏嫌名の願という願になったのだ、と思うのであります。これも世界を去ってはるかな極楽浄土にまいればと、こういう工合に現わされております。けれども信心喜べばどれだけかずつ、そういう幸せを我が身に受容れてゆくことが始まって来る、ということが信心の幸せということになるだろうと思います。

又韋提希夫人を出しますけれども、韋提希夫人は苦しみのドン底におられまして、「ねがはくは、われ未来に悪声をきかじ、悪人をみじ」（八四）もう聞くのは嫌になった、悪い奴ばかりおって私を苦しめる、父の王は幽閉せられ、しまいに殺される。そんな嫌な生涯を受けるというような名があったり、殺されるという事実があったり、もう見るのも、聞くのも苦しいことである。夫人は気狂いのような苦しみのドン底におられました。けれども、韋提希夫人の最後に得られました信の喜びというものは、五百の侍女とともに仏のお説きになるところをじっと聞いて獲得せられたものです。その最後にあたって、心の中に、極楽の広長の相、結構な広々とした世界が開けて来て、のみならず、遙かな世界の仏と思っておった仏身即ち無量寿仏及び二菩薩（観音、勢至）を見たてまつることを得て、心に歓喜が生じたのであります。人生無上の幸せに遇わせていただきましたということで、びっくりして、「未曾有なりと歎」（一〇七）じたのであります。こういう喜びは未だかつてなかったことでありますと喜び、同時に「廓然として大悟して無生忍をう」（同）とあるのが『観経』の最後であります。この世は譏嫌の名ばかり、不善の名ばかりの世界であるからこそ、韋提希夫人は西方極楽世界に生まれたいと願われまして、だんだん聴聞をして、如来の本願に乗じ、如来のみ光に接せられたのです。そうしたら、そこから極楽の広長の相が拝せられ、ここまで如来のみ光が到り届いておるという広い大きな世界が、開けて来て、そうしてその中に阿弥陀仏及び観音勢至を心にまざまざと拝むことができたのです。そうして心は光に照らされて歓喜を生じ、未曾有なりと、雀躍して喜ばれたのです。「廓然」というのは朗らかという意味です。暗がりから明るみに出たように、大いに悟って無生忍を得られたのです。無生忍というのは涅槃の代え名でもありますし、又これを信心の智慧であるとおっしゃいます。信心が得られて落着くことができ、喜びの身の上となられた、というのであって、その結果としての安楽な所へちっとでも早く行きたいとは申されず、此処が嫌いだ、と言っておられた韋提希夫人が、自分の足許から、広々とした世界が開けて、そこへ、遠いと思っておった阿弥陀仏と観音勢至のお働きを身近に見られて大いに喜ぶ身の上になられたのであります。

こういう例をもって見ましても、「三塗苦難の名あることなし、ただ自然快楽のこゑのみあり」と、韋提希夫人は、嫌われたこの娑婆の声が自分の喜びとなって落着かれたというが如く、この如来の遙かなるあの世というように限られて誓われましたことが、信心の人の上に開けて来るということを得させたいという願意であろうと思うのであります。

ところでこの願のお話をしておりますときでも、こじつけて信心の喜びとしたいといっているように聞こえるかもしれません。けれども、如来の本願が私ども凡夫に対して、娑婆を去って如来の浄土に行くというように、全く違うところのようにおっしゃって下さらなければ私どもは喜べません。死んでしまってからそういう国へ行くのだ、というような感激は、やはりそう説かねばわからないからお説き下さっておるのでありましょう。けれども今のお話を聞いてもいつの間にか、此の世からそういう喜びが得られるようになってしまっておるのであります。親鸞聖人のみ教えは、方便から真実に達することを忠実にお示し下さっておるように、信心の人になれば、死んでからあの世においていただけるという幸せが、只今から開かれて来るということを知らせたい、得させたいというお心であります。如来の御本願もそういうおぼしめしにほかならぬのです。こういうことをお知らせ下さっておるのでありますから、国中人天、国中声聞とあれば、死んでから極楽に行って得ることだと一応お聞きになっても差支えはないのです。けれども、聖人が、そうではなくして、信心のところから、そういう幸せが開くのであるということをお教え下さっているのですからみんな結構なことは死んでからということにしてしまわずに、信心の只今からということをお知らせ下さったことは、非常に聖人の御苦労であり、又私どもの助かるということもそうでなくてはならないのでありまして、如来の本願が正しくそうであると、こういうようにお示し下さっておるのであります。だからそういう心持ちをもってお聞き願いたいと思うのであります。

二　摂衆生分 I

衆生救済の願

第十七願　諸仏称揚《しょぶつしょうよう》の願《がん》

たとひ、われ仏をえたらんに、十方世界の無量の諸仏、ことごとく咨嗟《ししゃ》して、わが名を称《しょう》せずば、正覚《しょうがく》をとらじ。（一七）

第十七願でありますが、これは諸仏称揚の願と名づけられています。ここから十七、十八、十九、二十と大事な願になって来ております。『教行信証』の「行の巻」一巻は、この願を中心としてずっとお述べになっておるのでありまして、非常に大事な願であります。「行の巻」の一番始めを開きますと、

諸仏称揚《しょぶつしょうよう》の願《がん》となづけ、また諸仏称名《しょぶつしょうみょう》の願《がん》となづく。また、諸仏咨嗟《しょぶつししゃ》の願《がん》となづく。また、往相廻向《おうそうえこう》の願《がん》となづくべし。また、選択称名《せんぢゃくしょうみょう》の願《がん》となづくべきなり。（一二八）

とあります。第一は古来通称の願名ですが、第二からは親鸞聖人がつけられた名でありまして、諸仏称名の願といってもよし、諸仏咨嗟の願とも往相廻向の願といってもよし、選択称名の願といってもよいと、こう申しておられますが、「行の巻」の初めには、「諸仏称名の願」というのを挙げ

ておられます。

先ずこの願文を一度説明しますが、私が仏となった暁にはこういうようにならしめたい。なぜそういうことを願われるかというと、結局は私どもを助けたいというためであります。

十方世界の無量の諸仏、諸仏をみんなひっくるめたのですな。十方世界ですから、東西南北四維上下の十方にある世界、すなわちこの世界だけでないということであります。一つ一つの世界に仏がござるということになっておるのですから、無量の諸仏というものがある。その十方世界の無量の諸仏、一仏も残らず悉く咨嗟して、「咨」は讃なり、「嗟」は歎なり、ほめて我名を称せずば正覚を取らじ、とあるのです。それが諸仏称名の願と名づけられておる所以でありまして、我が名を称せずばということは諸仏称揚であります。称は「はかる」という意味もあって、御功徳がえらいということをはかって、そうして讃めあげるということです。称えるばかりでなしに諸仏がみんな讃めておられる。称名の意味は称揚の意味であります。けれども讃歎をするその暁にはどうなるかと言えば称えることになるのです。昔から、芝居でも役者が何ともかともいえず上手にやると、「成田屋」とか何とか言うより讃めようがない、ということを聞いております。われわれが讃めるというときにも、最後に名を呼ぶということであるから、終いに称名ということになるのでありましょう。とにかく、我が名が讃められ、そうして称えられるようにならずばおかんという願であります。かかる大自信を持たれておるのです。

この願の真意が、昔からわからないので困ったのでありますが、十方世界の無量の諸仏の悉くに残らず讃めて称名せられんと申されましても、その諸仏とはどこにおられるのか、その諸仏は目に見えないのです。わかっておる方は、この世に釈尊一人しかわかっておられないのです。それも三千年も昔におかくれになっておる。しかし十方の世界に一人々々の仏があって、これが皆悉くお讃めになっておるというように、親鸞聖人もあるところではおっしゃってござるのであります。十方に世界があるが、その世界の諸仏が、皆一人残らず如来の御名を讃めるようになり、そうして遂に名を称えるようにならずばおかん、という願であります。願成就の文を見ますと、

十方恒沙《ごうじゃ》の諸仏如来、みなともに無量寿仏の威神功徳《いじんくどく》不可思議なるを讃歎《さんだん》したまふ。（一二九）

とあります。十方世界、ガンジス河の砂の如くたくさんありますから、十方恒沙の諸仏なり如来といわれる方は、みんな一緒に、一人残らず無量寿仏の威神功徳の不可思議なることを讃歎しておられる、と釈尊が申されておられます。如来の願は立てっぱなしではなくして、それが成就して、願の如く皆如来の威神功徳の不可思議なることを讃めておられると、こう申しておられるのであります。

これは何でもないことのようでありますが、親鸞聖人は衆生救済のために、大悲のお心からこの願を立てて下されたとたいへん喜んでおられるのです。これを名号成就の願ともいいます。一般に南無阿弥陀仏という名号がこのときに願としてできあがっておる、これは御自身の名を誓われた願であります。

まず「行の巻」の初めを見ますと、

つつしんで往相《おうそう》の廻向《えこう》を按《あん》ずるに、大行《だいぎょう》あり、大信《だいしん》あり。（一二八）

往相の御廻向を下さるということであるが、その御廻向に大行と大信というものを下さって、

大行といふは、すなはち無碍光如来のみなを称するなり。（一二八）

とあって、これが大行というものであります。この御名を称えるということは、名号にはあらゆる善法を摂めておられることであり、あらゆるもろもろの功徳を具えておられることであるからして、称えるところに如来の功徳が極速円満するというわけです。この名号は真如一実の功徳宝海なりと絶讃して、

かるがゆへに大行となづく。（一二八）

と述べられました。それから、

しかるに、この行は大悲の願よりいでたり。（一二八）

とありまして、この十七願を誓われた、お誓いのお心として、南無阿弥陀仏を讃められたいとおっしゃったのです。そのことが、遂に称えるということになって来たのだから、此の願を、

諸仏称揚の願となづけ、また諸仏称名の願となづく。また諸仏咨嗟の願と名づく。また往相廻向の願となづくべし。また選択称名の願となづくべきなり。（一二八）

と願名をいろいろと出しておられるのであります。

ところで我名ということはどういうことであるか、こう申しますと、四十八願には南無阿弥陀仏ということはどこにも出ておらないのであります。これは面白いことです。親鸞聖人は『大無量寿経』というお経は本願を説いておられ、四十八願と、その成就を説いておられるのが、『大無量寿

経』であるとおっしゃっている。けれども、その裏に、ずっと一貫してあるのが名号であるかぎり、名号を体とすると申され、名号が総体全体であって、その上のでこぼこになった模様が四十八願ということになっておるのです。引きまとめたら南無阿弥陀仏という名号が本体となっておるのだということをおっしゃるのであります。だから名号が大事だと申すのであります。しかしながら、名号といったらどんなことかといえば、そもそも四十八願という願はいろいろあるけれども、一体その重点はどういうことであるか。しばしば私がお話することですけれども、四十八願は勝手にお読みになっても、なかなか要領がつかめないのでありまして、昔の偉い高僧方でさえもつかめなかったのであります。だからわれわれがつかめないのは当り前であります。

『大無量寿経』に四十八願が説かれてあって、その次につづいて三誓の偈というものが誓われてあります。三誓の偈文は、第一の誓いは、わしは十方衆生を救いうる仏にならずばおかんということであり、第二の誓いは、衆生はみんな貧しき心をもって泣いており、どうしてよいかと苦しみ困っておる、このような「もろもろの貧苦をすくはずば、ちかふ、正覚をならじ」(二四)という誓いです。衆生というものはみんな、高貴な人も卑しい人も、賢者も愚者もみんな貧しい心を持っておる。金持ちのような満ち足りた心でなくして、いつも不足な餓えたような心を持っておる。何をどうしたらよいかわからんような困った窮した心を持っておる。だから「われ無量劫にをいて、大施主となりて、あまねくもろもろの貧苦をすくはずば、ちかふ、正覚をならじ」(二四)というのが第二の誓いであります。大施主というのは大きな施し主、善人も悪人も悲しんでおる者、苦しんでおる者には、物質的に苦しんでおる者には物質的なことも与えるが、精神的な悩みの者には精神的な救いを与えるということが大施主であります。大きな施主となって、困っておるもの即ち貧窮な心になっておる者を救わずば仏に成らじとおっしゃるのです。私共を呼ぶに「貧苦」という字が用いられているのは実に適切な言いかただと思うのです。

第三番目には、どうして助かるかといえば、

　われ成仏道《じょうぶつどう》にいたらんに、名声十方にこゑん、究竟《くきょう》してきこゆるところなくば、ちかふ、正覚《しょうがく》をならじ。（二四）

とあります。これを『正信偈』には、「重誓名声聞十方」と申されています。私の名前が「声」であるというのが面白い。南無阿弥陀仏は声です。名前ではあるけれども声、文字というたら又難儀です。私どもに常に持っておることができないから文字とは仰せられぬ。声、声ならどこへでも持って行けます。南無阿弥陀仏なら南無阿弥陀仏という名前、その声、その名声をもって十方に超えん、十方諸仏なり菩薩の徳よりも非常にとびすぐれた徳という意味であると昔の方はおっしゃいますが、それはともかくとして、私の名前が十方世界に聞こえるようにいたしたいということであります。究竟してどこまでも、どんな人間にも聞かさずんばおかん、我が名声を聞かすということはその徳を讃歎させ称えさせたいのですから、我が名を称えさすということによって助けずんばおかん、ということが第三の誓いであります。すなわち名によって救おうということです。名によって救おうとは、簡単であって、何でもないことのようでありますけれども、味わえば味わうほど非常に大き

なことであります。無量寿仏の威神功徳の不可思議なることを諸仏が讃歎したまう、と願成就の文にありますように、そういう名によって救おうという本願であります。

威神功徳というものは実に不可思議である、貴い功徳を持たれておると諸仏が皆讃めるとおっしゃるのです。そういう名前で、そういう声で、南無阿弥陀仏という声で、それが耳に入り皆の心の中にはいって、そうして皆が助かるようにせずばおかんと、いうことであります。これがこの御本願のこころであります。

阿弥陀仏の本願、全体で四十八あるけれども、阿弥陀仏御自身、四十八願の誓願が済むなり更らに三つの誓いを直ぐお立てになっておるのです。それは四十八願を引っくるめて見れば、一つは、救うことができるような仏にならずばおかんということであります。第二は、あらゆる困っておるものならば、善人とも悪人とも仰せられず、あらゆる貧苦な者、もっと詳しく言えば、物質的にいろいろな此の世のことに苦しんでおる者も可愛いのであり、心が貧しくて精神的に困っておる者も可愛いのであって、両方とも唯だ与えることによって救うようにしなければおかんということであります。貧窮をして満ち足りた困らない自由人というものにさせてやりたいということが、四十八願の枢要、要領というものであるということです。親鸞聖人は、この第一と第二というものを第三の中に入れてしまって、一つに引っくるめて、「重誓名声聞十方」（一九〇）重ねて誓うらくは名声十方に聞こえんという意であると知らされたのです。『三誓偈』はまた『重誓偈』といいます。四十八願を誓われた、その後に再び三つ誓われて第三に我が名を十方に聞こえさせて救いたいと誓われたのです。この願が肝心であります。我が名が讃められる位だから、それが伝わってみんなに称えられるようになりたいということです。だから親鸞聖人は『正信偈』に「五劫これを思惟して摂受す」(一九〇)と申され、よしこれなら十方衆生を救うことができる、とこういう自信を持たれたのです。さてどうして救うかというと「重ねて誓ふらくは」一言にして言えば「名声十方に聞えん」と、これで四十八願は要するに南無阿弥陀仏という一つになったわけであります。名によって救おう、名を讃められるようになろうということです。仏である釈尊がみ名を讃められましたからして、七高僧も伝えて、今日の私どもも御名を聞き、御名を称することができるようになったのであります。やはり、釈尊という仏が讃められたから、遂に私どもが御名の功徳をいただくようになれたのです。それゆえ、それは即ち願力であります。願が力となったのです。一応、そういうように味わわれるのであります。

先に申しかけましたが、我名ということは、四十八願中にはどこにも南無阿弥陀仏だとは書いてないのであります。ここにはただ「名声」というだけで、南無阿弥陀仏ということはわからないのです。釈尊は阿弥陀仏のお心にはいって四十八願をお述べになり、さらにそれをもう一つ私どもに分らすようにお説きになったのが『観経』であります。偶然、韋提希という方が出たから、あそこまで下げて下さらないというと、私どもにはわからないのですから、韋提希という凡夫を相手としてお説きになったのです。段々調べて見ますと、定善十三観のときには、南無阿弥陀仏というお名前は出ておらずに、無量寿経と出ておるのです。それが九品段に来ますと、南無阿弥陀仏という名が出て来まして、そうして下品上生となり下品下生になって来ますと、称南無阿弥陀仏、南無阿弥陀仏という六字が如来のみ名ということになって出て来ておるのです。この仏名を称せよとおっしゃるときには、南無阿弥陀仏という六字が仏名であるということを祖師は述べておられるのです。我名とおっしゃった仏の名というのは何だといったら南無阿弥陀仏というのであって、阿弥陀だけではないのです。真宗では四字ではない。釈尊がおっしゃったように、南無がついた阿弥陀仏、南無阿弥陀仏というのが我名とおっしゃる御名号であるということを知らされたのであります。私は梵語は知らないのですが、梵語で、阿弥陀というのは、アミダブハーとか、アミダユースという二つの字が引っついて阿弥陀という名になっているのだそうです。アミダユースとかアミダブハーということは、無量光と無量寿ということです。光限りなく寿命限りなしということが阿弥陀という文字の意味であります。第十二・十三願に応じて、そのお名前は中国語に訳したら、無量寿になるといってもよいが、それは寿命の方だけで、もっと詳しく、光もはいっておるということを現わすならば、阿弥陀仏ということの方が本当の意味のお名前であるというのです。光寿二つを合わせて含んでおるのが、阿弥陀という本当の名前の意味だからして、初めは無量寿仏と仰せられておりましたが、遂には阿弥陀仏と称されたのです。さらに阿弥陀仏と称するだけでなく、阿弥陀仏のおころは、南無させようという心までも私どもに与えて、速かに南無させようとなさっておるのですから、名号の持たせらるるおこころから四字の名前でなくして、南無阿弥陀仏という六字が仏の名前であるとお示し下さったのであります。従ってこれは『観経』によったわけであります。

又第十八願の願成就の文を見ますと「聞其名号」と出ておりまして、「その名号をききて」（四〇）

とおっしゃる。だからそこには南無阿弥陀仏という名声を聞くのであるということが『観経』から反照して、我名ということが南無阿弥陀仏、南無阿弥陀仏が如来の名号であるということが、はっきりときまって来ることになるのであります。

『無量寿経』の或る本では、十七願と十八願を引っ着けて一願としてあるお経もあります。『二十四願経』というのがあるのですが、そのときには十七願と十八願を引っつけて一願にしてありますが、親鸞聖人、法然上人の用いられた、魏の本では十七と十八とが二願にわけてあります。

如来は衆生を救うために、十方諸仏から讃められて、我名を称えられるようにならねばおかん、そうして衆生を助けたということなのです。われわれは何にも分らんのですが智慧の勝れた諸仏に讃められそうして名号の徳をもって、衆生がこの名を聞き、この御名を称えて助かるようになるのであります。だから、そういうことを衆生が知って称えるようにならしめたいということが、衆生救済の根本としての願いであります。こういうことがおわかりになった親鸞聖人には、四十八願皆大悲の願ですけれども、この第十七願を特に大悲の願とも申され、名号成就の願ともいわれているのです。衆生救済のため、南無阿弥陀仏という我が名を成就しなければおかんという願がましませばこそ、この御名がわれわれに聞こえ、この御名をよく聞き開いて、信をおこして助かるのです。だからこの御名を誓うて下されたこの願こそは、大悲の願であって、正に救済の願であると大変な喜びを持っておられるのが第十七願であります。

ところで、十方世界の無量の諸仏というのは、どういうことを言われているのであろうか。

十方世界の無量の諸仏といってもわれわれの知っておるのは釈尊だけであります。だが、『阿弥陀経』の六方段にもある通りに、東方に無量の世界があり無量の諸仏があり、南方にも西方にも北方にも上下の世界にも無量の諸仏がましますと釈尊は言っておられるのであります。そして、この願は、その仏が悉く阿弥陀如来の徳を讃めるようになり、我が名を称えられるようにならねばおかん、という願であります。

で、この本願の成就の文というのは前に読みましたが、要するに衆生を救うという自分の徳の不可思議に勝れておるということを諸仏に讃められなければおかぬ、というのですから、すなわち、南無阿弥陀仏という名号讃歎の意味は、十方世界の諸仏がましますその世界の衆生に讃められたいということであります。称えられるということによって救いたいという願いなのであります。

親鸞聖人のお言葉で、『正信偈』には「重誓名声聞十方」(一九〇)とあります、即ち、重ねて誓うらくは、名声十方に聞こえん、自分の名前が十方に聞こえるようになって、その御名に接するようになることによって衆生を救おうという御本願なのであります。それでこの願を、大悲の願と仰せられ、諸仏称名の願とも申されておるわけであります。

しかし親鸞聖人の思召しはもう一つ進んで、十方世界の無量の諸仏ということは、お互い信心の行者というものである。信を得たる念仏者というものを無量の諸仏と申されておるようであります。だから悉く讃めて我名を称えられるようになりたいということは、御名によって、すべての人を救わねばおかぬということでありますから、救われたすべての人が十方世界の無量の諸仏であって、それが我名を称えるようにならねば、ということでありますから、信心を得た人を指しておられるのであると、こういうようにお味わいになっておるようであります。このように味わいますと非常に意義深いのであります。諸仏といって、代表的に言えば釈尊のような方が十方にましまして讃めたり称えておられることだけでなしに、信を得て喜んだもの、即ち、すべての人が諸仏と称せられるものとなって我名を称えるようにせずばおかぬ、こういう意味にお味わいになっておるようであります。

それは『末燈鈔』という書物がありまして、これは聖人のお手紙ばかりが収録されておるものであります。『末燈鈔』すなわち、末法の燈とは後から人が名を付けたのでありましょう。その『末燈鈔』の第三通目を見てみましょう。親鸞聖人のお弟子に性信房という方がありまして、それは聖人の片腕というような、余程信頼しておられる弟子でありまして、京都へお帰りになるとき、関東の信者達をその人に預けてお帰りになったという位、非常に大事な弟子であります。しかも、聖人のお書きになったお手紙の年号をいいますと、「正嘉元年丁巳十月十日、親鸞」(六九六)とあるのですから、繰ってみますと、聖人の八十五のお歳であります。晩年になって聖人のお喜びもだんだん深刻になって行ったでしょうし、又大事なことを性信房に知らしておきたいと思召したのでありましょう。ただ性信房だけではないのです。その次には真仏房へ、真仏房というのは高田専修寺の開基でありますが、その真仏房は私のからだである、性信房ともう一人誰やらはわしの両手であるといわれた位大事なお弟子であります。そういう大事なお弟子にお手紙を出して申されたのが、第三通、第四通、第七通などであります。

むろん、これは、信心を得た人は弥勒菩薩と同じであるぞ、又信心の人は摂取不捨の御光の御功徳を受けるからして摂取不捨の身の上になるから、正定聚、つまり仏になるに定まった位にはいるのである。それは仏のさとりの一つ手前の等正覚という位にあたるのであって、弥勒菩薩が等正覚の菩薩であると同じように、信心の人がまた等正覚の人であると、こういうようなことをお手紙にお書きになっているのです。弥勒菩薩は諸宗の習いとして菩薩であるけれども仏になるにきまった方であります。弥勒菩薩は必ず仏になる方であると釈尊がおっしゃったからして、それで各宗ともに弥勒は菩薩であるけれども弥勒仏と申す習いであると、こういうことが書いてあるのであります。これは、信心の人が仏と申すべきであるということを暗示しておられるのであるということがこのお手紙でわかるのであります。

信心をえたるひとは、かならず正定聚《しょうじょうじゅ》のくらゐに住するがゆへに、等正覚《とうしょうがく》のくらゐと申なり。『大無量寿経』には、摂取不捨《せっしゅふしゃ》の利益《りやく》にさだまるものを正定聚となづけ、『無量寿如来会《にょらいえ》』には等正覚ときたまへり。その名こそかはりたれども、正定聚・等正覚はひとつこころ、ひとつくらゐなり。等正覚とまふすくらゐは補処《ふしょ》の弥勒とおなじくらゐなり。弥勒とおなじく、このたび無上覚にいたるべきゆへに、弥勒におなじとときたまへり。さて『大経』には「次如弥《しにょみ》勒《ろく》」とはまふすなり。弥勒はすでに仏にちかくましませば、弥勒仏と諸宗のならひはまふすなり。しかれば弥勒におなじくらゐなれば、正定聚の人は如来とひとしとも申なり。浄土の真実信心のひとは、この身こそあさましき不浄造悪の身なれども、こころはすでに如来とひとしけ

れば、如来とひとしとまふすこともあるべしとしらせたまへ。(六九五)

この御文は、弥勒とひとしく、弥勒とおなじということを知らされた手紙でありまして、弥勒とはおなじと申され、如来とはひとしいと申されるのが聖人の用語例でありまして、信心の人は弥勒とおなじであるといわれる。それから如来とは等しい、等しいということは「同」ということではない。「同」ということにはちょっと遠慮して、これからの第四通でも如来と等しいということをしきりと申されてあるのであります。信をえた人は如来と等しい、つまり「信心歓喜者与諸如来等」という言葉が『華厳経』にありまして、その言葉を「信の巻」でもしばしば引かれます。聖人の晩年には、ことにそれをしきりと申されているのであります。仏と同じだとはおっしゃらず、「同じ」というのは弥勒と同じといわれます。「等」は「同」ということより一歩低いことですが、「等しい」ということは「同じ」ということではなく、隣り合っているということであって、ちょっと遠慮した言葉です。諸仏と等しいと『華厳経』にあるが、信心の人は如来と等しいのである。「等しい」とは申されるけれども弥勒仏と諸宗のならひにては申すなり。しかれば信心をえた人は『華厳経』には如来と等しいと申されるけれども信の人は仏といってもいいのじゃと言いたいのであり知らしたいのでありましょう。むろん、凡夫のつまらん者が、俺は如来じゃ、俺が仏だ、といっても、どこにも仏らしいところはないのですから、自分から言うべきことではないのであって、正定聚であり等正覚の身の上になるのだからして、同じといってはいかんのです。如来とひとしいと仰せられて、お讃めにあずかって仏と等しいと申されることは、実に有難いことではないか、こういう意味で喜びを述べられているのであります。

浄土の真実信心のひとは、この身こそあさましき不浄造悪《ふじょうぞうあく》の身なれども、こころはすでに如来とひとしければ、如来とひとしとまふすこともあるべし。（六九五）

といって、「同」とはおっしゃらないのです。

弥勒すでに無上覚にその心さだまりてあるべきにならせたまふによりて、三会《さんえ》のあかつきと申なり。（六九五）

弥勒菩薩がお出ましになるときには、龍華三会と申しますが、その三会のあかつきにこの娑婆に於て仏になられるにきまっておると申されてあるのです。

浄土真実のひとも、このこころをこころうべきなり。（六九五）

この一生が終われば仏になるにきまっておるから、

光明寺《こうみょうじ》の和尚の『般舟讃《はんじゅさん》』には、信心のひとはその心すでにつねに浄土に居すと釈したまへり。（六九五）

居すと、というのはおるということです。

居すといふは、浄土に、信心のひとのこころつねにゐたり、といふこころなり。（六九六）

からだはここにあるけれども本願を喜び信心を喜んで南無阿弥陀仏、南無阿弥陀仏という摂取不捨の身の上になると、つねに如来の浄土にはいっておるということであります。

これは弥勒とおなじといふことを申なり。これは等正覚を弥勒とおなじと申によりて、信心の

ひとは如来とひとしと申こころなり。（六九六）

これが性信房に対する聖人八十五歳のときのお手紙の全文であります。ここに諸仏と等しいと仰せられた諸仏というのは、釈尊の如き仏が十方の世界に於てお讃めになったということであるが、それだけでなしに、この諸仏と申されたことは、信心の人のことであるということが推し測られるわけであります。

それから第四通目を見ますと、これは真仏房宛の、やはり八十五歳のときのお手紙であります。これも「正嘉元年丁巳十月十日」、同じ日であります。こういうことは早くからわかっておるのだから早く言われてもよさそうに考えられますが、そういうことを言えば、物議を起こしたりするから、聖人は大事なお弟子にだけ晩年にいたって遺言のように言って示しておきたいというお心であったろうかと思うのであります。これは弥勒と同じということよりも、もう一つ如来と等しいという意味を、かえすがえす言っておられるのです。けれども等しいということが同じということであるということを知らせたいのであります。それは第一には『華厳経』のお言葉を引かれまして、「信心歓喜者与諸如来等」というは、他力の信心を喜ぶ人のことであると、こういうことを知らせたいのであります。それから第二には、この経典の『東方偈』というところに、釈尊のお言葉がありまして、この前のお手紙にはここを略してあるのですが、「見敬得大慶、則我善親友」、「見て敬ひ得て大いに慶べば則ち我が善き親友なり」というお言葉であります。釈尊がこう言っておられるのです。これは一体何を言いたいのだ、といいますと、見て敬いということは心の中に仏を拝むということで、お念仏を喜び、摂取不捨の身の上を喜ぶようになると常に心の中に仏を見るということになる。つまり信心の人の喜びというものであります。だから見て敬い、得て大いに慶べば、というのが信心をえ、また「即得往生」というような意味でありましょう。即ち信心の人は見て敬い得て大いに慶ぶ身の上になれば、即ち我が善き親友なりと。釈尊が我が友である、仏と友であれば如来であり仏である。十方世界の無量の諸仏とあるけれども、仏のお徳をたまわればこそ、仏を讃歎することができる。仏を讃歎するということは、自分が信を得て慶ぶという身の上になったればこそ讃歎ができるのであります。讃歎とは御名を称するということになるのです。だからこれは釈尊が自分と同格な親友と御讃め下さる意味であります。だから無量の諸仏と仰せられたことは信心を得た人のことであるぞ、ということをよくよく知れよ、こういうことであります。だから釈尊と友であるとか、仏と等しいというようなことは、とても及びもつかぬことのように思って、各宗の人が悟りを開いて仏になるとか、何とかいっておるが、容易にはそこへ達せられず自力ではなれないのです。けれども信心の人は、他力の本願力によってそういうことにならせていただくのであると、こういうことを知れよということであります。

第三番目には、この第十七の本願をまるまる引いておられます。第四通をみてみましょう。

これは経の文なり。『華厳経《けごんきょう》』に言《のたまわく》、信心歓喜者与諸如来等《しんじんかんぎしゃよしょにょらいとう》といふは、信心よろこぶひとはもろもろの如来とひとしといふなり。もろもろの如来とひとしといふは、信心をえてことによろこぶひとは、釈尊のみことには見敬得大慶則我善親友《けんきょうとくだいきょうそくがぜんしんう》とときたまへり。また弥陀の第十七

の願には十方世界無量諸仏不《ふ》悉《しっ》咨《し》嗟《しゃ》称《しょう》我《が》名《みょう》者《しゃ》不《ふ》取《しゅ》正覚《しょうがく》とちかひたまへり。(六九六)

ここに第十七願の本願の文をポツンと書いてあるということは、『華厳経』では、如来と等しいとおっしゃるけれども、この無量の諸仏とおっしゃることは信心の人のことであるぞ、ということを黙って暗示しておられるわけであります。

その次に、

願成就の文には、よろづの仏にほめられよろこびたまふとみえたり。(六九六)

これは釈尊と同じように諸仏にほめられるのだということであります。これは無量の諸仏とあるが、信心の人だぞということでありましょう。

すこしもうたがふべきにあらず。これは、如来とひとしといふ文どもをあらはししるすなり。(六九六)

この三つの内容を見ると、『華厳経』には、諸の如来と等しいとはっきり出してあります。又釈尊が我が善き友であるとおっしゃって下さったことも、如来と等しい、如来と同じということでありますす。十方世界の無量の諸仏といわれたことも、如来と等しいとおっしゃることであって、ここで言いたいことは、本願に十方世界の無量の諸仏と仰せられた意味をよくよく知れ、ということであって、これに気がついて、この御文を見ますと、実に驚くべきことでありまして、よくよく喜べよということであります。

それからもう一つは、この七通目であります。下野の高田に浄信房という御弟子があり、熱心な方と見え、この人から尋ねて来たことがあって、これはその質問書に答えられたお手紙であります。これは「二月廿五日」とお書きになっておるだけで、何年ということが書いてありません。けれども、同じような言葉が出ておるところから見ると、やはり聖人の八十五のお歳だろうと思います。あるいは五か、六であるか、その近くに違いありません。学問しておる人だったら、もう少し詳しく調べて知っておられるかもしれませんが、まず私にはそう思われるのです。二月十二日の日付で質問書が京都へ届いたのでありましょう。十二日に来たのを二十五日の日付で十三日間ほどのちに、お手紙を書いておられるのが第七通目であります。

これは内容は三つに分れるのですが、浄信房という方の質問書があって、それを読みますと、

無碍光如来の慈悲光明に摂取せられまいらせ候ゆへ、名号をとなえつつ不《ふ》退《たい》のくらゐにいりさだまり候なむには、このみのために摂《せっ》取《しゅ》不《ふ》捨《しゃ》をはじめてたづぬべきにはあらずとおぼえられて候。そのうへ、『華厳経』に「聞《もん》此《し》法《ほう》歓《かん》喜《ぎ》信《しん》心《じん》無《む》疑《ぎ》者《しゃ》、速《そく》成《じょう》無《む》上《じょう》道《どう》与《よ》諸《しょ》如《にょ》来《らい》等《とう》」（この法を聞いて信心歓喜し疑なきものは速かに無上道を成じ諸々の如来と等し）とおほせられて候。（七〇一）

そういう言葉が『華厳経』にあるので、親鸞聖人は、これは念仏の信心を仰せられたことであると味わわれたが、有難いもったいないようにも覚えるお言葉であります。聖人から言われたことを繰り返してあるのです。

又もう一つは、

第十七の願に、十方無量の諸仏にほめとなへられむとおほせられて候。（七〇一）

とあります。

次に、

また願成就の文に十方恒沙《ごうじゃ》の諸仏とおほせられて候は、信心の人とこころえて候。この人はすなわちこのよより如来とひとしとおぼえられ候。このほかは凡夫のはからひおばもちゐず候なり。このやうをこまかにおほせかふり給べく候。恐々謹言。

二月十二日　浄信（七〇一）

とあるのです。もう一ぺん言いますというと、この浄信房は、初めのところがちょっとわかりませんが、自分が如来の慈悲光明に摂取せられて、有難いと喜んで安心して名号称える身になっており、不退の位に定まったということを喜んでおります。この私自身のために摂取不捨の救いをはじめてたずねるべきではないと心得ておりますが、これでよろしいでしょうか、という問題です。二つには、『華厳経』の毎度お聞かせにあずかりますが、諸々の如来と等しいと仰せられております。この如来と等しいと仰せられるのは信心の人のことだと心得ておりますが、又十七願に、十方無量の諸仏にほめられ称えられんと仰せられてありますが、この諸仏というのは信心の人のことと心得ております。死んでからでなしに此の世より如来と等しいと喜んでおります。私の信心の相は以上のとおりですが、若し間違っておるならば、このことについて細かに仰せを蒙りたいと存ずる次第でありますと質問書を出したのであります。聖人も御高齢であり自分も老境であったから急いで承りたかったのでありましょう。

この質問書に対しては聖人は一々こうじゃああじゃということを答えられておるのではないのですけれども、もしそれがそういうことであってはならんのならば、いけないとおっしゃるに違いないでしょうが、先ほどからお話しましたように、第三通の性信房にお与えになった手紙から見ても、又第四通の真仏房という大事なお弟子にやられた手紙から見ても、この浄信房の四つの質問に対して、それは間違っておるとか悪いとかおっしゃるわけがありません。だからお答えにはなっておらない。けれども、何とも申しておられないことが全部肯定をしておられるわけであります。今申します性信房、真仏房に対するお手紙から見ても、そんなことはむろんのことであります。その向うの言うことには触れずして、「諸仏等同と云事」と書いてあるのですが、これは恐らく、聖人がそんな手紙の題目をつけられるわけはないでしょうから、後の人がつけたと思うのです。

> 往生は何事も何事も凡夫のはからひならず、如来の御ちかひにまかせまひらせたればこそ、他力にてはさふらへ。（七〇〇）

質問書には返事をせずに、ぽんとそう言っておられる。

> 様々にはからひあふてさふらん、おかしく候。如来の誓願を信ずる心のさだまる時と申は、摂取不捨の利益にあづかるゆへに、不退の位にさだまると御こころえ候べし。（七〇〇）

一々に対する返事の文章ではないけれども、ありがたい御返事ですね。

> 真実信心さだまると申も、金剛《こんごう》信心のさだまると申も、摂取不捨のゆへに申なり。さればこそ、無上覚にいたるべき心のおこると申なり。これを不退のくらゐとも、正定聚のくらゐにいると

も申、等正覚にいたるとも申也。このこころのさだまるを、十方諸仏のよろこびて、諸仏の御こころにひとしとほめたまふなり。このゆへに、まことの信心の人をば、諸仏とひとしと申なり。又、補処《ふしょ》の弥勒とおなじとも申也。このよにて真実信心の人をまほらせ給へばこそ、『阿弥陀経』には、十方恒沙の諸仏護念すとは申事にて候へ。安楽浄土へ往生してのちは、まもりたまふと申ことにては候はず。娑婆世界るたるほど護念すと申事也。信心まことなる人のこころを、十方恒沙の如来のほめたまへば、仏とひとしとは申事也。又、他力と申ことは、義なきを義とす、と申なり。義と申ことは、行者のおのおののはからう事を義とは申也。如来の誓願は不可思議にましますゆへに、仏と仏との御はからひなり。凡夫のはからひにあらず。補処の弥勒菩薩をはじめとして、仏智の不思議をはからふべき人は候はず。しかれば、如来の誓願には、義なきを義とすとは、大師聖人の仰に候き。このこころのほかには、往生にいるべきこと候はずとこころえて、まかりすぎ候へば、人の仰ごとにはいらぬものにて候也。諸事恐々謹言。（七〇〇）

人が何とかかんとか言うから、あなたがこの四つの問題を質問して来たのだろうが、あなたが心得ておるそのままでよろしいのであるから、人が何と言おうと頓着せずに、そのように喜んでおいでなさい。それで結構なんであります。こういうことであります。なお『末燈鈔』のどこからか探せば出て来ますかもしれませんけれども、今はこの四通を拝見しますと、第十七の本願の十方世界の無量の諸仏悉くに称名されるようにならずば、ということは、十方衆生を悉く助けずばおかんということであって、これは信心喜ぶ人のことであります。十方衆生を諸仏とならしめて、ほめられ、称えられんということを知らさんとして下さったのが、親鸞聖人の晩年の御味わいだということです。このことを思いますと、この十七願が非常に尊い意味をもつものであると考えられるのであります。

第十八願　念仏《ねんぶつ》往生《おうじょう》の願《がん》

たとひ、われ仏をえたらんに、十方の衆生《しゅじょう》、至心信楽《ししんしんぎょう》して、わがくにに生ぜんとおもふて、乃至十念《ないしじゅうねん》せん。もし生ぜずば、正覚《しょうがく》をとらじ。ただし五逆《ごぎゃく》と誹謗正法《ひほうしょうぼう》とをばのぞく。（一八）

本願は、無量の願であり、それを要約して、四十八の本願と申しますが、原本がいろいろありまして、二十四願という本もあるのであります。二十四願というときには、第十七の本願と第十八の本願が一つにしてあるので、七と八と離れるものでないということがそれでわかるのであります。今は法然上人なり親鸞聖人は四十八願の書物を真宗の正依の経典としておられるのであります。その中で二十二の本願は還相廻向の願ということでありまして、それに対して十七、十八は往相廻向の願ということになるのであります。

そういうように、いろいろありますけれども法然上人は、第十八の本願を王本願といわれまして、ほかの本願は欣慕の願という名がついております。ひっくるめてそういうことをおっしゃいまして、正しく衆生を救いたいというようなことが如来の本願なんでありますから、第十八の本願を王本願というものであります。かつまた四十八の選択本願と申して、あらゆる仏の国の様子から、最も善美至れり尽せりの国をつくりたいという意味の本願であり、又あらゆる衆生を救いたいという意味の本願であります。そういう意味から全体選択本願というのです。けれども、選択本願と一口に言ったら第十八の本願ということであります。それほど大事な願であり、これは四十八の本願の中心であります。

この本願は、若し私が仏になったならば、十方衆生、一人残らずどんな衆生でも悩む者を救うてやりたい、罪があろうとなかろうと、愚かであろうと賢くあろうと、悉く救いたいという本願でありますから、大慈大悲の仏の本願というようなことがいわれるのであります。「至心信楽してわがくにに生ぜんとおもふて乃至十念せん」というのは、乃至は一ぺんでも十ぺんでもということでありまして、十念というのは南無阿弥陀仏と念仏をとなえることであります。その人間が若し生まれずば私は仏にならぬ。だから私が仏になったからは、心を至し信楽して我国に生まれんとおもって一ぺん乃至十ぺん念仏申した者は皆我国に生まれさせて救おうということであります。

これを法然上人やそれ以前の方々は、ずっと念仏往生の願と名づけておられるのです。親鸞聖人も念仏往生の願といっておられます。なお『教行信証』には、これは他力救済の願ですから、大願といって尊敬して、

この大願を選択本願となづく、また本願三心《さんしん》の願となづく、また至心信楽《ししんしんぎょう》の願となづく、また往相信心《おうそうしんじん》の願となづくべきなり。（一九七）

と述べます。

しかも『教行信証』のこの前には、

この心すなはちこれ念仏往生の願よりいでたり。（一九七）

とありますから、これは極く根本的な名前であります。又一般的にいわれておる名前ですが、選択本願といい、本願三心の願といい、至心信楽の願ともいい、往相信心の願ともいいます。この願名のうち、本願三心の願、至心信楽の願、往相信心の願というのは、親鸞聖人が設けられた願名であります。普通には念仏往生の願ということになっておるのであります。聖人が至心信楽の願と申されているのは信心の願ということであります。

『観経』というお経は半分ほどは定善十三観ということが説かれています。定善は心を静かにできる人のことです。それからさらに、あと三観には散善九品が説かれています。散善は心が散り乱れておるお互いのような者には十三の観法というものができないから、そういう者を九種類に分けて上の三品、中の三品、下の三品とし、これを散善九品といいます。この定善を説かれ散善九品を説かれる前に、韋提希夫人は何ともおっしゃらんけれども、釈尊はポツンとここまで定善十三の観法を説いたが、それをお前ができぬというならば、更に九品の生まれ方というものもある。人間には、上の三、中の三、下の三と九種類あるが、上善から下善まで、どれだけか善いことをして助かるという法もある、こういうことを説かれたのでありまして、その説かれる前に三心ということが説いてあるのです。

ひとつには至誠心《しじょうしん》、ふたつには深心《じんしん》、みつには廻向発願心《えこうほつがんしん》。三心《さんじん》を具するもの、かならずかの

くにに生ず。(二〇〇)

とありまして、三つの心を具した者は必ず極楽に生まれることができる。こういうことがそこに言ってあるのであります。こういう善いことをして、ああいう善いことをして参れるというのではなしに、それらのすべてになくてはならんものは至誠心ということと深心ということと廻向発願心という、この三つの心を具えたものでなくてはならぬということであります。

それで至誠心というのは至心のことであり、至誠心というたら誠の心ということであり、深心というのは信楽ということであって、深く信ずる心であり、そうしてあなたの国に生まれたいと願うて、南無阿弥陀仏、南無阿弥陀仏と一ぺん乃至十ぺん申せば必ず生まれさせずばおかんと、こういうことであります。『大経』の三信は至心と信楽と欲生であり、『観経』の三心は至誠心、深心、廻向発願心、『大経』の三信と『観経』の三心とは、他力的と自力的との相異があるとも見えるのであります。

だから、まあ心を至し信楽して我国に生まれんと欲うてそうして一ぺん若しくは十ぺん南無阿弥陀仏と称えた者は往生を得る、即ち助けたもうということであります。まあ、そこに問題があるのでありまして、第十八の本願というものは一番大事な本願であります。それはどういうことかというと、一般にいわれており、又思われていることは、念仏を申せば助かると思っていることでありますます。これは日本に生まれておる者は三歳の児童もこれを知るというわけですが、しかし念仏を申しさえすれば皆助かるかどうか。南無阿弥陀仏と唱えてみても一向助からぬ、南無阿弥陀仏、南無阿弥陀仏十ぺん申しても百ぺん申しても助からぬ。死ぬことも苦しみだし、生きておることも苦しみだし、朝から晩まで苦しみばかり、腹が立って苦しみ、欲が起こって苦しみ、念仏をとなえない以前と同じく一向助かっておらないというのが事実であります。それでも仏の本願は、念仏を一声でも申せば助けるとあるのが本願であると、こういうことは三歳の児童も聞いて知っているのです。けれども、それが真実の救いとなって来ないのであります。これはアメリカに行ったらどうか知りませんが、日本中では随分行きわたっております。インドは知りませんが、まあ、中国へ行って来た方から聞いても、大きなお寺の壁には南無阿弥陀仏と書いてあるそうですし、乞食でも物のほしい時には南無阿弥陀仏というそうです。それは一番貴いことだから、仏さんでも助けてくださるのだから、お前も助けてくれと頼む意味で念仏申すのでありましょう。そういう具合に、念仏を申せば助けるという御本願だということは知れわたっておるのであります。皆さんでも、きっと心の端の方のどこかにはそれを持ってござることでしょうが、それが真実になればよいわけなんです。

で、念仏を申せば助けるということが、第十八の本願であると、こう聞かされておるのですが、そうおっしゃらずに、信心がなくては助からぬぞとおっしゃるのが親鸞聖人であります。信心のことは面倒だから念仏申したら助かるのだという簡単な方を好むのであります。それは遡って行きますとこの浄土門、他力門の教えを説かれたのは親鸞聖人以前は法然上人であります。法然上人は必ずしも究極的にそうおっしゃったわけではないのです。けれども、一番知れわたっておる法然上人は念仏を称えることを教え、称えれば助かるということを日本中にひろげた方であります。それまでは日本で源信和尚という方が法然上人より百余年前に叡山におられて、これが日本の念仏の元祖なんです。けれども、元祖といえば法然上人がその名前を取っておしまいになっているのです。源信和尚は一生天台宗の僧でありましたから、一般的にならずに、山の上に一生ござったものですから、知れなんだけれども念仏往生ということをお示しになったのです。法然上人が山を下って一宗を開かれましたからして、そのときから漁師は舟べりをたたいて南無阿弥陀仏と称え、狩人でも山々で念仏を申す、百姓は百姓で鍬をとりながら念仏を申すという風に、上は宮中より下は庶民にいたるまで念仏が一天四海に弘まったのです。念仏を弘めるということで、そこに助かる縁、てがかりというものが出て来たのであります。それが法然上人の『一枚起請文』というものでありまして、南無阿弥陀仏と念仏を申せば助かる。私はもうそれよりほかは知らんのだといって、念仏をおすすめになったのです。

法然上人のおかくれになる二、三日前に勢観房源智というお弟子が、あなたの生粋のところを申しのこしていただきたいということをお願い申したのであります。そのとき法然上人が、

もろこし我朝に、もろもろの智者たちの沙汰《さた》し申さるる観念《かんねん》の念にもあらず、また学問をして念の心をさとりて申す念仏にもあらず、ただ往生極楽のためには南無阿弥陀仏と申せば、うたがひなく往生するぞと思とりて申外には別の子細候はず。但三心《さんじん》・四修《ししゅう》なむど申す事の候は、皆決定して南無阿弥陀仏にて往生するぞとおもふ内にこもりて候なり。このほかにおくふかきことを存ぜば、二尊の御あわれみにはづれ、本願にもれ候べし。念仏を信ぜむ人は、たとひ一

代の法をよく〳〵学すとも、一文不知《いちもんふち》の愚鈍《ぐどん》の身になして、尼入道《あまにゅうどう》の無知《むち》のともがらにおなじくして、知者のふるまひをせずして、たゞ一向に念仏すべし。証の為に両手の印を以てす。浄土宗の安心起行《あんじんきぎょう》、この一紙に至極《しごく》せり。源空《げんくう》が所存《しょぞん》、此外に全く別儀を存せず。滅後《めつご》の邪義《じゃぎ》防がんがために、所存を記し畢《おは》んぬ。

建暦二年正月二十三日　源空御判

証の為に両手の印を以てす。

として勢観房というお弟子に書き与えられました。大事な御法であります。

両方の手を紙に押して、間違いがない証拠としてこれだけしておいたらよかろうといってなさったことです。だからこの思想から、念仏を申せよ、何ができなくとも念仏を申せば救われるという御本願であるぞ。だから日に七万遍とか八万遍とか毎日称えられ、皆にも称えることを勧められたのであります。そうして最後におかくれになる二、三日前に勢観房の願いによってこれだけを書かれたのです。だから往生極楽のためには唯南無阿弥陀仏と申せばよい。そうすれば疑いもなく往生するぞといい、こういうようにはっきり申されたものですから、本真剣の人にはそれで助かるのであります。まあ千人おったら九百九十人までは本真剣でありませんから、本真剣でない人がこういうことを聞いていても、みんな助からないのであります。それが親鸞聖人の泣かれた所以であり奮起された所以なのであります。皆さんもよほど気をつけないと、こういう思想といいますか、こういう信念が瀰漫しておるのです。法然上人から現今に至るまでかれこれ八百年位になるでしょうが、浄土宗はそれでよいかもしれんが、真宗の流れを汲み、親鸞聖人の流れを汲んでおりながら、やはりそういうことを思い込んで、軽安心をしておる人が多いのであります。それでは真宗信者といいますけれども、信心ということがわからないなら真宗の信者ではないと蓮如上人が申されている通りでありますす。信心はわからないけれども、ともかく念仏さえ申せばよいのだ、こういう軽安心をしておる人がたくさんあります。そう思い込んだが最後、親鸞聖人の信心のお話なんかはどうも耳を素通りしてしまうのです。即ち助からずに終わってしまうということであります。けれども、法然上人は念仏申せよ、念仏申せばきっと助かると思いとって念仏を申せば、もうそれぐらいでよいのである。そうおっしゃったのにはいろいろ深い意味がありましょうが、しかしどんな意味があろうとも、こっちがそういうように思い込んでしまうだけではなはだ危いことであります。

この十八の本願を念仏往生の本願といいますが、念仏という字にも問題があるのです。一応は口に称えて南無阿弥陀仏ということが念仏ということになっております。そして念仏すれば往生する、こういうことになっておるのです。だから第十八願は念仏往生の本願であります。七高僧の中の前の御三人を除いて、親鸞聖人以前には道綽、善導という方があります。それから源信和尚、源空上人があります。どうしたら本当に助かるかということは重大問題でありますから、本願というものをはっきりしなければならんのですが、道綽、善導という方、これは中国の方であります。それから流れを汲んだ方が叡山におられた源信和尚であります。その流れから法然上人が出られたのであります。この四人の高僧は『観経』というお経を主にして、今の言葉で言えば伝道摂化といいますか、人を助けようとせられたのであります。道綽禅師なんか八十余歳でおかくれになったのですが、四十位で念仏の信者になられたのです。それまでは『涅槃経』を信じて人にも講じておられましたが、これでは助からないということに気がついて、四十過ぎから浄土門に帰し念仏の信者になられたのです。あとの四十年ほどの間に『観経』を二百遍程講義せられたのでした。そうすると、一年に四、五回位になるのですが、よほどたくさん『観経』を講義なされたものです。それから自分も日に八万遍からお念仏を称えられたということです。これはやはり曇鸞大師の玄中寺の跡を慕うてそこにおられたからでしょう。あの辺の山西省というところは、非常に念仏が盛んであって、それが全中国へ弘まったのだと思われます。御自身は『観経』というお経によって道にはいられたのでありますが、むろん、『大無量寿経』も読んでおられたのです。けれども、人に話をするのはやはり『観経』というお経から話をしないとわからないと思われたのでありましょう。私もそう思います。極楽という問題も『観経』から出て来るのですが、親鸞聖人にしますというと、『観経』というお経と『阿弥陀経』これは小経といいますが、この二つは方便教であり、『大無量寿経』だけが真実にたすかるお経であり真実の教えであると申されて、自分は『大経』のこころを得て、そうして仏の御心に接したのであるとこういっておられるのであります。

善導もそうです。自分にも、一時は悟りきったように思われたこともあったけれども、三十代で、どうもこれはほんまものでないというので、命懸けになって道綽禅師を尋ねて道を聞かれたのです。そのときやはり『観経』の教えを聞かれたのです。源信和尚もそうであり源空上人もそうであります。源空上人は善導大師の『観経』の註釈書によって助かった方ですから、この四高祖の代というものは、『観経』と『小経』というお経を中心として自らも喜び、人にも教えられたのであります。親鸞聖人は『観経』と『小経』とは実は続いておるものであって、共に方便の経であると申されておるのです。方便といったからとて、方便があながちに悪いというのではなく、梯子があってこそ二階へ上がれるのであり、二階へ上がってしまえば梯子は要らないのですが、梯子の中間に止まっていてはならないのであります。段梯子がなければ二階へ上れないものですから方便は非常に大事なものです。方便があってこそ目的が達せられるのであります。しかしながらそれは親鸞聖人からいえば、方便ということになっておるのであります。よくよく味わうべきことであります。

源信和尚の『往生要集』には、「極重悪人無他方便、唯称弥陀得生極楽」とあります。禅宗のえらい大徳でも、この文を出して、「此の文疑うべからず」と終いの結文に置いてあるのです。そういう有名な句であります。極重悪人のお互いの助かる道は外にはない、唯弥陀を称する外はないのである。われわれは助かる資糧となることが何かできると思っている。けれども、それは自惚であって、よく調べてみると何にもできないのが事実であるから、どうしてみても助からないのであります。かかる人間が助かるというのは唯弥陀を称する者を助くるとある本願を信ずる外はないのである。唯弥陀を称して極楽に生ずることを得る。これが一番大事な御文になっておるのであります。だから『正信偈』にも、「極重悪人唯称仏」極重の悪人は唯仏を称すべしとありまして、源信和尚は天台のえらい学者でありまして、著書だけでもたくさんあるのでありますが、遂には念仏門に帰依せられたのであります。誰でも四十過ぎというものは大事なものと見えまして、四十三位のお年に初めて弥陀の本願のお心が知れて、わしを救い又人々を救うようなものになってくれ、といわれた子供のときからの願いにこたえられたのです。お母さんはもうえらいお年でしょうが、六十か七十か八十か知りませんが、老いたる母を誘うて、母のような人も、自分のような者もみんな凡夫である。皆極重悪人であって、助かる道がないのだが、ただ弥陀の御名を称えれば助けて下さるとうなずかれたのです。こういう本願があるから私にしても、あなたにしても、お助けにあずかるのであるということを説かれて、お母さんが初めて安心せられて、目をつむって行かれたそうです。われを仕上げてくれたのは母である。母を救うたのは我である。母と子とが相寄り相扶けて菩提の願いを果したのだといって喜んでおられますが、これが極重悪人唯称仏ということなんであります。

　真宗の教えを長く聴聞しておる人でも、御開山聖人の信心為本の教えや蓮如上人のたすけたまえの信心ということをやかましく聞いておりながらも、それは皆落としてしまって、何が残るかというと、「極重悪人唯称仏」念仏を申しさえしたらよいのだと、これだけを落とさぬようにしておるのが多いのであります。親鸞聖人は第十八の本願は、そういう意味ではないとおっしゃるのです。けれどもそういうのが第十八の本願だ、本願だと皆思っております。

　もう一つ上へ行きますと善導大師であります。善導大師は皆さんが報恩講にお参りになっても、どこのお説教にお参りになっても聞いておられることでしょうが、大師の有名な御文があります。

　若《にゃく》我《が》成仏《じょうぶつ》　十方衆生《じっぽうしゅじょう》　称《しょう》我《が》名号《みょうごう》　下《げ》至十声《しじっしょう》　若《にゃく》不《ふ》生者《しょうじゃ》　不取正覚《ふしゅしょうがく》

「若し我仏と成らんに、十方衆生、我が名号を称して、下、十声に至るまで、若し生まれずば正覚を取らじ」と読みます。第十八願は、心を至し信楽して我国に生まれんと願うて乃至十念せん、若し生まれずば正覚を取らじ、とあるのを斯くの如く書き替えられたのです。善導大師の語にはこのあとに「彼仏今現在成仏、当知本誓重願不虚、衆生称念必得往生」という有難い御文がつくのですけれども本願のところだけあげたらこれだけの文字です。これは諸仏如来に証を請い、これが若し間違いであるならば、どんな御罰を蒙ってもよろしい。若しお心にかなうならば私に指授していただきたいという願を起こされて、そうして『観経』の註釈をお書きになったのです。それほどの自信をもって命懸けで著述するという著書というものは他にはなかろうと思われます。そうすると毎夜化僧が現われて指授され、指示されたということを自ら著書の終わりのほうに書いておられるのであります。だから私がこの註釈書を書いたのは釈尊の真意であり、阿弥陀如来の御こころに寸分の違いもないという自信をもって書かれたのです。「設我得仏」とあるのを「若我成仏」とせられたのです。若し我仏となった暁には、ということです。十方衆生は十方衆生です。それから「至心信楽欲生我国」とあるのを、「称我名号」とせられ、我が名号を称えて、「乃至十念」というのを「下至十声」と言われたのです。御本願の御精神は、一ぺん乃至十ぺん、念仏を申した者は生まれさささずばおかんということですから、我が名号を称して下十声に至るまでとせられたのです。「乃至十念」の念は心に念ずることではない。十ぺん念仏を申すという、声に出すのだから十声と申されたのです。念仏往生の願というのは仏を念ずるという意味でなしに、南無阿弥陀仏、南無阿弥陀仏と声に称えることだ、ということが「称」ということです。一ぺんなり十ぺんなり念仏を申した者が若し生まれずば仏にならぬという御誓いであるから、称えるならば仏にせずばおかん、それが間違うようならば私も仏にはならぬと誓われたことなんであると申されるのであります。で、この「称我名号下至十声」ということが御本願であるぞときめられたのが、善導大師であります。その流れがずっと来ておるのであります。それが源信和尚にせよ法然上人にせよ、そうして皆さんの頭や心の中までしみこんでおるわけです。しかしながら親鸞聖人はそれを心配しておられるのであります。

その次にありますお言葉に「衆生称念すれば必ず往生を得」とあります。これは「重誓名声聞十方」という意味でありますが、「衆生称念必得往生」と繰返して言っておられるのが、やはり念仏往生という意味であります。

これは善導大師が初めて申されたことかというとそうではなくして、この師匠の道綽禅師にそのもとがあるのであります。

若し衆生有って縦令《たとひ》一生悪を造れども命終《みようじゆ》の時に臨んで、十念相続《そうぞく》して、我が名字を称して若し生れずば正覚を取らじ。

と、こう本願の御文を変えておられるのであります。『大経』の十八願の意味を『観経』の意味で解釈して行かれますから、こういうように変えざるを得ぬようになってくるのです。若し衆生がたとえ罪を造らぬようにしようと思っても仕様がない。欲もおこり、嘘も言い、腹も立てるというわけで、たとえ一生罪を造れども命終わらんとするときに臨んで、最後に十念相続して、十ぺん南無阿弥陀仏、南無阿弥陀仏と念仏を申して、死にぎわに於ていかに苦しくとも十ぺん位は申せるでしょう。平生ならば、長い息で一ぺん気張ったら十ぺんは申せますから、一息ということです。我が名字を称えて若しそれが生まれんということならば正覚を取らじ、というのが如来の本願であると申されたのです。これはむろん罪はなんぼでもやり放題というわけでありませんが、罪を償わねばならんとか、消さねばならんということでなくして、一生はどれだけ気張っても罪を造るのであるから、それゆえ助からないと思うなということです。それも平生はともかくも最後の時にあたってたった十ぺんわしの名前を称える者でも助けよう、というのが大悲の本願というものであり、臨終に於てとは、平生には称えなかってもということであり、平生にあってもむろん同様であります。こういうように如来の本願というものを味おうておられるのであります。それを『御和讃』に親鸞聖人は、

縦令《じゅうりょう》一生《いっしょう》造悪《ぞうあく》の　衆生引接《いんじょう》のためにとて
称我名字と願じつつ　若《にゃく》不《ふ》生者《しょうじゃ》とちかひたり。(五四三)

と道綽禅師の教えを伝えておられるのです。本願をかくの如く示された、というので、善導大師もそのように申され、法然上人も第十八願を念仏往生の願と申されて、念仏を申せば救われるぞと紹介して下さったのです。そのことは、法然上人の発明ではなくて、前にも申した如く道綽により、善導により、源信僧都によって出てくるのであります。源信の前は善導から出ており、善導の前は道綽から出ておるのでありまして、これらは皆『観経』の流れからはいった方であるからでありましょうが、皆それだけで終わっておられないのであります。『大無量寿経』の根本としての、第十

八願を味わうということはちゃんと御存知であります。けれども自分の因縁がそういう因縁であり、又そういうように説き導くということが衆生が入り易いわけであるからして、かくの如く説かれて、第十八の本願は念仏往生の本願であるぞ、と示されたのです。一声乃至十ぺん、命が長ければ一生涯、十は満数でありますから、一生念仏を申しておれば、何ができなくても救うという御本願であるぞとお示し下さったことは、とても尊いことであります。そうに違いがないことです。けれども、本真剣にそれを受け取るということができ難いのであります。そういうことでありますか、わかりましたといって、やってみる。南無阿弥陀仏と一ぺん申しても助からぬ、十ぺん申しても助からない、一生涯申しても助からない。これは私をはじめそうですが、そういう箇単なことは好きであり喜びであるけれども、何となく、どうも具合がわるいものです。本願はこうだから俺はその通りにしておるのである、といって、本願に間違いはないから助かるに違いないと決め込んで、大きな声を出してみたり、時には自分を騙して助かったように思ったりするのであります。或いは一人では寂しいから三人、五人寄って念仏を喜びましょうとか、南無阿弥陀仏、南無阿弥陀仏といって、念仏は貴いことと善導様もおっしゃる、源信和尚もおっしゃる、法然様もおっしゃるから間違いがなかろう。「なかろう」、「だろう」といって落ちついておるのです。これが親鸞聖人の出て来られたわけであります。

この『大無量寿経』を真実教であるといい、至心信楽欲生、ということに命をかけて、自己反省をし、どうしたら、この第十八の本願のほんとうのおこころというものが摑めるか。仏のおこころというものはどんなものだろう、ということを、あるいは念仏を申しても助からぬという自分をしっかり知っておられますから、本願の「至心」とはどういうことであるか、「信楽」とはどういうことであるか、「欲生」ということはどういうことか、それがどういうことだとわかっても、できるかできないかが問題であります。「本願を信じ念仏を申さば仏になる」『歎異抄』はそれだけです。簡単だけれども本願とはどんなことであるかを明らかにせずして、ただ「念仏を申せば仏になる」だけをとって喜んでいるのではありませんか。「本願を信じ」とある、それはわからぬけれども、こうしておるのが信じておるのだろうな、というくらいのところであって、一体誰が助かるのやらわからないような風情ではありますまいか。そういうことでぼんやりしておるということが一生を徒労にするのです。善導大師も「曠劫よりこのかた常に没し常に流転して出離の縁あることなし」というのが、このぼんやりした心からであると申されます。親鸞聖人は特に、道綽、善導、源信、源空を祖師と仰ぎながら、人々皆が助かるべき本願の門前まで来て、片足入れていながら両足がはいらぬというようなことで死んで行くのです。今助からなければ永劫助からないということであってみれば、死んでも行けないが生きても行けないのです。親鸞聖人の一生は、九十年の間、ただ至心信楽欲生ということ、このことばかりを知らせたいのであり、これが「信の巻」となったのです。大体これはいらないものなんです。いらぬものなんだけれども、「信の巻」二巻というものが最も親鸞聖人の魂でありまして、その魂を蓮如上人が心を込めて言って下さるのです。けれども、信心肝要として説かれているお文なんかはあまり有難くなくて、南無阿弥陀仏、南無阿弥陀仏というのが有難いということになっておるのですが、惜しいことであり残念なことであります。これは道綽禅師や善導、源信、源空が悪いのでなくて、おたがいにいい加減にしておくということが悪いのであります。

七高僧の中で道綽禅師・善導大師、日本に来て源信和尚・源空法然上人、この四人は『観経』中心で御説法下さったのでありますから、昔から念仏往生の本願と申すのでありますが、南無阿弥陀仏という名号を称えれば助かる、だから念仏を申せ、助かる行としては念仏よりほかにない、というので御自身も大変たくさんお念仏を申され、人々にも念仏を称えることをお勧めになったのであります。ところが親鸞聖人は、法然上人のお弟子でありますが、この本願を本願三心の願とも申し至心信楽の願とも名づける、往相信心の願とも名づくべしと申されまして、全く信心の願と見ておられるのであります。

この前十七の本願のお話をしましたが、その本願をおしつめて行くと、一声称えても助かるという御本願でありますから、道綽、善導、源信、源空という方は、『観経』によって、念仏を称えるということが助かる唯一つの道であるということを強く申されたのであります。これは行々相対といい、行と行とを比較して、普通の道理から言えば、助かりたいという願いを満たすためには行をしなければならぬ。その行は、聖道門の教えるところのものであっても、実際はできないものであります。凡夫が苦しむのは貪慾、瞋恚、愚痴の三毒の煩悩を持っておるからでありますから、その苦しみがなくなって助かるというためには、その貪慾、瞋恚、愚痴の煩悩をなくさなければならないのです。又愚かな者が助かるためには、仏の本当の智慧をもつようにならなければならない、ということであります。そういう行をせよと教えられるけれども、それは到底できないものであります。だからして、自力の行では助からないが、ここに他力の行によれば助かるということであって、自力の行に対して他力の念仏の行ということをもって助かる道を教えられたのであります。これを行々相対というのであります。即ち、自力の心でいろいろ行をして助かろうと思っておる人に、その行を捨てしめて念仏一行を持たせたいということであります。念仏すれば助かるということは他力ということを現わされたのであります。つまり他力によって助けるぞ、という仏の心を私どもに知らせたいがために、何もできなくても一声称えれば助かるぞといって、他力のお救いの大慈悲の御本願の心を知らせ、信ぜしめたいがために、念仏せよと教えて下さったことであります。それゆえ、念仏を称えることによって助かるぞということでなしに、他力によって助かるぞという御本願のお心を知らせたいのであります。こういうことを親鸞聖人は知らせたいのであります。そうでなければいくら念仏ばかり称えておっても、信というものがなければ、それはただ助かるという話である。仰せであると言っておるけれども、自分というものはいつまでも不安ということが除かれず、助かるということができないわけであります。親鸞聖人は自力を捨て、他力に帰し、浄土門に帰してせっかく念仏を称えるということまで来たものに、本当の仏のお心を知らせたいというために、信心がぬけておっては助からないということを知らせたいのであります。だから御本願は一声称えても助かるという御本願であるけれども、その御本願を信ずるということがなかったならば、称えてはおるけれども助からぬ、ということになるというので、念仏為本という上に信心為本という仰せを立てられたのです。そして信の大切なことを知らせたいということで、信の巻二巻までお作りになって、徹頭徹尾、信心ということを詳細におっしゃってくださったのであります。

第十八の本願は、前にも話したか知れませんが、善導大師は「若我成仏十方衆生称我名号下至十声」といわれています。これは我が名号を称えて一声乃至十声でも、ということです。一声でも念仏を申せば生まれさせよう、ということであります。本願の御文に「乃至十念」とあります。それを一声乃至十声称えるという意味にとって念仏往生の本願と申しておられるのです。それは『観経』中心であるからでありまして、親鸞聖人は、「真実の教をあかさば、すなはち大無量寿経これなり」（一二二）といって『大経』中心であります。だから第十八の願文を御覧になりましても、「心をいたし信楽してわがくににむまれんとおもひて、乃至十念せん」（一九八）と書いてありますから、それは信の上から一声乃至十声申した者はという御本願でありますから、親鸞聖人のおっしゃる方が願文に相応しておるわけであります。だからこの本願は、本願三心の願といい、又至心信楽の願というのは信心の願ということであります。だから王本願であり選択本願である第十八の本願は信心の願であるということを明らかに言っておられるのです。それが非常に大事なことであります。称我名号下至十声だから南無阿弥陀仏、南無阿弥陀仏と称えておったら助かるとお考えの人が多いのであります。けれども、それでは実際は助かりはせぬ。それはその本願のおこころというものに目がつかぬからであり、そのおこころが信ぜられないということですから、是非ともそれを助かるようにならせたいというために、親鸞聖人はこの第十八願は三心の願であり、信心の願であるぞと、こうきめて下さっておるのであります。

称えれば助かるのだ、というのはそれは他力を知らせたいのであり、他力を信ぜさせたいということですけれども、普通の者に他力ということを知らすためには、一応は、称えれば助かるという本願だから称えよ、称えよというよりは仕様がないのです。韋提希夫人のような真面目な方は命懸けで道を求められた方ですから、それでたちどころに信が起こって助かって往かれたのでしょう。けれども、いい加減な者は、念仏を称えておればよいのじゃと思っておったり、これでよいのじゃと思っておるけれども、ちっとも助かっておらないのです。これはかわいそうなことだというのが親鸞聖人の御一生の御苦労というものであります。

一体、蓮如上人は、私がありがたいと思うのは、多くの人々は念仏をしたら助かると思っておるけれども、よく気をつけよ。念仏といえば、口に南無阿弥陀仏と称えるのみならず、当流には「弥陀をたのむが念仏なり」(二〇六)と、世間一般に、念仏といったら称えることが念仏だといっておるし、道綽、善導、源信、源空というような方々もそうおっしゃっておるのだから、それに違いがないのです。けれども、それだけではいかん。念仏といったら弥陀をたのむことであり、信ずればたのむということが起こるわけですから、信ずるということはたのむということであって、念仏ということは信ずること、たのむことであるぞと、心得よといってくださってあることは忘れてはならないことであります。

ところが「たとひわれ仏をえたらんに十方衆生」とありますから、これはどんなものでも救うということです。「心を至し信楽してわがくににむまれんとおもひて」とは、これを三心という。至心というは、『観経』の上から見ると至誠心と書いてある。信楽は深心、欲生は廻向発願心としてある。これは至心信楽欲生という意味をもう一ぺんわかりよく書きかえられたわけでありまして、至心ということは真実の心になるということであります。信楽は深く信ずるということである。そして仏から言ったら我国、こちらから言ったら彼の国に生まれたいという心を発こして、一ぺん乃至十ぺん念仏申した者は生まれさせずんばおかん、こういうことなんであります。ですから普通に言えば、この三つの心を起こさねばならんように見えるのです。それゆえ親鸞聖人もかつては真実な心になろうと思われたのでありましょう。けれどもなかなかなれないのです。又は信じようと思うけれどもなかなか信じられないで疑いが起こる。あっさり思っておるとあなたの国に生まれたいと思っておるようだけれども、本気になってみると生まれたいという心はなかなか起こらない。そうするとわれわれがなかなかできないことを仏様が本願で注文しておられることとなるのであります。その一つでさえ難しいのにそれらを三つ揃えるというようなことはなかなか難しいことであります。昔から、「開いては腰にさされぬ扇かな」という句がありますが、親鸞聖人の信の巻には、三信の字訓釈というものを長々と書いておられまして、至という字、また心という字をいろいろの字引を引いて説明をしておられます。全部の説明は略しますが、たとえば「至心」という字は真実ということである。「信楽」ということは、「信」の字は真実という意味がある。それから「欲生」

という字は、信楽の「楽《ぎょう》」の意味がある。だからこの三つの心は、「至心」という真実の心は「信」に通じ、「欲生」という文字の意味を研究する「楽」という字に通ずるから、三心というけれども中間の「信楽」の二字におさまってしまう。「信」は信ずるということ、「楽」は願うということであります。願い欲するということは信ずるということから起こってくるのでありますから、結局は信という一字におさまってしまうということを知らしてくださっており、終いには、

まことにしんぬ。疑蓋間雑《ぎがいけんぞう》なきがゆへに、これを信楽《しんぎょう》となづく。信楽《しんぎょう》はすなはちこれ一心《いっしん》、一《いっ》心《しん》はすなはちこれ真実信心《しんじつしんじん》なり。(二一五)

と結論をくだされまして、真実信心ということにこの三つが一つになっておる。これを「行者帰命の一心なり」(『御文』・九八四)といわれまして三心は信ずる一心になってしまうのだ。それを詳しく言うと心を至し信楽して我国に生まれんと欲えとおっしゃったので、三つにわかれておるようだけれども、行者帰命の一心ということである。その上から乃至十念、一ぺんでも十ぺんでも念仏申すものが若し生まれないというならばわしは仏にならぬ。即ちそういうものはきっと仏にする、そういうお誓いなんであります。

そういう問答を有名な三一問答というのであります。

如来の本願、すでに至心信楽欲生《ししんしんぎょうよくしょう》のちかひをおこしたまへり、なにをもてのゆへに論主《ろんじゅ》、一《いっ》心《しん》といふや。(二一四)

本願に三心とあるのに天親論主はなぜ一心と申されたか。三心とあっては真実の心も起こし難いし、

信ずる心も起こし難いし、欲生の心もなかなか起こし難い凡夫であるから、帰命する一心を起こせという。それを知らせたいために天親菩薩は三心といわずに、「世尊我れ一心に帰命する」とおっしゃったのであります。

次にもう一つ問答を起こして、それならば如来が愚かな者を助けたいという大慈悲の心から、十方衆生をすべて救いたいという願を立てながら三心というようなことをなぜ申されたか。初めから一心に帰命して十念せん者は、とおっしゃればよさそうなものを、なぜ至心信楽欲生というようなことを本願に述べられておるのであろうか。こういう問題を私どもが起こしそうだからして、親鸞聖人がそういう問題を起こして、「仏意はかりがたし」（二一六）仏の御意は奥ふかいからわからぬ、なぜ三心をお誓いくだされたか十分にはわからぬけれども考えてみるとこういうことであるらしい、と言って又御註釈があります。これが次の問答であります。これは信の巻を御覧になると詳しくわかるのですけれども、その緒《いとぐち》として少しお話してみると、

一切の群生海《ぐんじょうかい》、無始《むし》よりこのかた、乃至《ないし》今日今時にゐたるまで、穢悪汚染《えあくわぜん》にして清浄の心なし。虚仮諂偽《こけてんぎ》にして真実の心なし。（二一六）

とあります。一切群生海は一切衆生ということです。おたがい凡夫というものは無始よりこのかた、もう何億万年の昔から生まれ変わり死に変わりして、今日今時にいたるまで、穢心はけがれておる。汚染はよごれ染まっておるという意です。きたない心と悪い心と汚れて染まった心ばかり持ち合わせておるのが、一切群生海であります。清浄の心なし、真実の心なし、他力で救ってやるとおっし

ゃると簡単なことのように思っておるけれども、そんなことではない。生き変わり死に変わりする無始の昔から今日只今にいたるまで、その心を反省して見ると、穢悪汚染であって、人を助けたいというようなことも思っておるけれども、それはきれいな心でなしに、人を助けたら自分によいことがあるというようなことを思わずにはおれないのです。だから仏のように清浄にして――清浄ということは貪欲がないということ――悩めるものをすべて救いたいということは、われわれ凡夫は純粋には思ったことがないのであります。また真実心なし、無始の昔から今日今時にいたるまで真実がないのだ。これも普通は真実があるように思っておるのです。

今、親鸞聖人は、今日今時に至るまで穢れた悪い心だけで、汚れた染まった心だけで清浄な心、真実の心などというものは持ち合わせたことがない。親鸞聖人が八十七、八歳のときに御和讃ができあがったのですが、その御和讃の一番終いにも、

浄土真宗に帰すれども　真実の心はありがたし
虚仮《こけ》不実《ふじつ》のわが身にて　清浄の心もさらになし。（五六七）

と言って、どうか真実の心になりたいと思うけれども、昔から今日まで真実な心がもてない。おたがいに普通には至誠とか、まこととか、簡単に皆言っておるけれども、それは黒い中で白い黒いといっておるようなもので、聖人は、本当に真実というようなものは九十年間さがしたけれどもわしの心の中には出てこない。自分は浄土真宗に帰すれども、まあ三十から六十年の間、真実の心になりたいと思ったけれども、不真実の心よりほかに持ち合わさない。清浄の心もさらになし。

われわれが、身の損得を考えずに人の苦しみをあわれんで、本当に、人を助けたいというような清浄な心は、今日今時に至るまで持ち合わせないということが、親鸞聖人の最後の懺悔であり告白であります。驚くべき言葉ですが、それは本当の自分に出遇われたからであります。私どもは助かりたい助かりたいと言いますけれども、助かる自分というものを知らないのです。話だけは聞いて助かるように思っておるけれども、それでは助かるわけがないのです。「虚仮」「虚」はからっぽ、「仮」はかりです。人が死んだ、お気の毒だというけれども心はからっぽ、お葬式に行くとき、女は髪を結って白粉を塗って、男でも正装して嫁に行くか婿にでも行くような気で行く。あいつ金を持って威張っておったが、どうじゃとうとう死によったと言っておったり、そんなら涙は出ぬか、というと涙も出るけれども、その涙の底の方には何とも思っておらんのです。そういう空っぽを、あるように見せたり、又泣いて同情してみても、それもちょっと一時の仮りのことであって、本当にその人の苦しみというものをあわれんでその苦しみを助けようというようなことは思ったことがないのです。私どもは、自分の本当の魂というものもわからずして、助けようなどということに本気になれるわけがない。また助けるという人の心も本当にありがたいとわかることがないのです。それを「虚仮」というのです。「諂偽」、「諂」というはへつらい、「偽」というはいつわりのことを言うのです。お気の毒さんでございまして、まあ杖を失ったように思います。わしはどうしようかと思います、などとうまいことを言うけれども、それはへつらいで、又それはみんないつわりで本気じゃないのです。ほんまに同情しておるように言うけれども、みんなその人のよろこぶようにへつらいであり、いつわりであって、みなわが身が可愛いから上手にやっておるだけで、虚仮とか諂偽とかいうことのほかに何にもないということです。親子といっても友達といっても、うまいことといかんといいうけれども、うまいことゆくはずがないのです。よっぽどよい人であっても虚にあらずんば仮、そんなものであります。それよりも時には何とかして悪いことを勉強してやってやろう、と考えておったりするものですから、どっちみち苦しいことが起こって来て平和に正しく行くわけがないのです。世界もそんなものであります。

だからして至心ということはできぬことじゃ、そんなら欲しくないのかといったらそうではない。欲しいものは真実であり、清浄の心であります。平気でおる人があるけれども、本当に目覚めた人ならば、真実心も起こし、清浄な慈悲心を起こしたい願いはあるのだ、けれども起こせないので困っておるのであります。だからして、

如来清浄の真心をもて、円融無碍《えんゆうむげ》不可思議不可称不可説《ふかしょうふかせつ》の至徳《しとく》を成就したまへり。(三一六)

そういう凡夫の心では何ぼしておっても助からぬから、他力の御本願ができあがったのであって、清浄というなら如来のおこころ、真実というなら如来のおこころ、清浄心をもち真実心をもって御助けくださるのである。だから、親鸞聖人はやってみたけれども、一生やってみてやれないということに徹して気付かれたから、「心をいたし」とおっしゃったことは、われわれに対する注文ではない。至心ということは如来が心を至してくだされたことであり、真実の心をもってわれわれを迎えてくださっておるということなんだ、とそういう発見をせられたわけであります。

それから「信楽」ということも、われわれが自力で信ぜられるように思ったり、又信じておりますと軽々しく言っておりますけれども、信ずることができるような我じゃないのだ、こういうことがここからわかるのであります。

　無始よりこのかた、一切群生海《ぐんじょうかい》、無明海《むみょうかい》に流転《るてん》し、諸有輪《しょうりん》に沈迷《ちんめい》し、衆苦輪《しゅくりん》に繋縛《けばく》せられて清浄の信楽《しんぎょう》なし。法爾《ほうに》として真実の信楽《しんぎょう》なし。（二一九）

仏の御本願を信ずるというようなことはできぬことじゃ。昔から今日今時まで無明海に流転して生き変わり、死に変わりして本当の智慧がなしに、愚かな考えで、空樽が川に流れておるようにぐるぐる廻るだけのことである。諸有輪、迷いのことを諸有というのですから、諸有輪、これも諸有海というに同じく、迷いの海に沈んでおるに過ぎないのである。衆苦輪に繋縛せられ、苦が変化するだけのことであって、苦は色かわる松風の音の風情であって、そうして本当のことがわからないから清浄に信ずるというような心が起こらないのです。法爾としてというのは、もう本来真実に信ずるというようなことはできないのです。そういうものがお互い一切群生海というものであるというのです。だからして、

　ここをもて無上功徳《くどく》、値遇《ちぐう》しがたく、最勝《さいしょう》の浄信《じょうしん》、獲得《ぎゃくとく》しがたし。（二一九）

であります。信心が大事といわれても、大事な信心がなかなか得難いのであります。易行難信でありまして、称えれば助けてくださるといわれると、南無阿弥陀仏と一声称えることは何でもない。易行である。けれどもその易行できっと助かると、本当に信ずるということ、すなわち帰命すると

いうことは容易ならんことであって、最勝の浄信獲得しがたし、即ち何ぼ気張っても自力ではそういう心が起こらないのであります。自力ではできないということを知らされたのであって、そうして如来こそ清浄の信楽を持たれ、真実の信楽を持たれておって、衆生に信ぜしめねばおかぬ、衆生を助けねばおかぬという、清浄信と真実信というその心を起こさしめなければおかんという、真実心を運んでおって下さるのであります。だから、この信楽ということは自力で起こせる心ではないのである、ということを知らせて下さるために、至心信楽欲生とわけられたのだというおぼしめしを知らせてくだされたのであります。

至心、信楽、欲生という三つの心を自分の力で起こして、そうして乃至十念の念仏を申す、こういうようになったらこの御本願の注文通りになるようです。けれども心を至し、真実心になろうとしてもなれない。自分で信じようとしてもなかなか仏の仰せが信じられない、信ずる心が起こらない。自分というものが明らかになってきますというと、実は私共にできないことを注文されておることとなって、はなはだ困ったこととなるのであります。

聖人は欲生心ということを次に味わわれまして、

微塵界《みじんかい》の有情《うじょう》、煩悩海に流転《るてん》し生死海《しょうじかい》に漂没《ひょうもつ》して、真実《しんじつ》の廻向心《えこうしん》なし。清浄の廻向心なし。

(三二五)

と申されました。私はこの三信において、親鸞聖人が自分というものを調べて見られまして、本願の注文に応じられない自分の自性というものを厳密に見ておられるというところに、非常に敬服し、又自分を反省せしめられて、こういうお言葉が非常にありがたいと思うのであります。

微塵界の有情、これは十方衆生ということです。貪欲、瞋恚、愚痴ばかりの心である。煩悩海ということから離れることができない凡夫であるから、この生の苦しみ、死の苦しみの海に漂ったり、沈んだりしておる。苦しみがないようになりました、と言っておるけれども、それがやはり依然として生死の海の中におるようなものである。そういう自分であるから、真実の廻向心、清浄の廻向心というものがないのです。だから自力で如来の御国に生まれようという、そういう廻向心を起こすということができないのであって、生死の海に漂没してここから離れることができない我々であって、ただ好きなことは煩悩であり、貪欲であり、瞋恚であり、愚痴であり、そうして生死の苦しみに引きずられておることだけである。どうしてもこれを離れて如来の御国を願うという心の起こることがないのである。蓮如上人をして言わしむれば、今にも死ぬかと思うと、あじ気なく、なごりおしく思うて、苦しみながら、苦しんでおることが好きであり、貪欲に困りながら、貪欲が好きであって、とてもこれを捨てて、あなたの国へ参りたいというような廻向心――廻向ということは、簡単に言えば心を廻転するということで、この三毒煩悩を嫌って心をひるがえしてあなたの国へ生まれたいという心――はなかなか起こらないということです。蓮如上人がしまいまで悲しんでおられ、七、八十になっても参りたいと思われないのです。我が国に生まれたいと欲うて乃至十念せん者は助けると仰せられても、なかなかそれは困ったものであります。だからこれは自分の心で起こすことのできないものである。起こさなければならんことであるけれども起こすことができないということを知らすために、十方衆生を他力によって救うという本願ができあがったのであります。

それで、至心、信楽、欲生という三信ではあるけれども、一心に帰命するという心が一つ起これば、それも起こそうと思って起こるのでなしに、如来の御廻向によって初めてそういう心も与えられて起こるのである。一心に帰命するという心をどうか起こさして、そうして一心が起これば、その一心は如来の御廻向によって起こった、清浄の欲生心である。だからその次に、

このゆへに、如来、一切苦悩の群生海《ぐんじょうかい》を矜哀《こうあい》して、菩薩の行を行じたまふしとき、三業《ごう》の所修《しょしゅう》、乃至一念一刹那《せつな》も廻向心を首《しゅ》として、大悲心を成就することをえたまへるがゆへに、利他真実の欲生心《よくしょうしん》をもて諸有海《しょうかい》に廻施《えせ》したまへり。（二二五）

と聖人は喜んでおられます。なかなか三つはおろかその一つも自分では起こされないのを、本当に清浄真実の如来のお心が遂に私共に一心を廻向して下さったのである。だから、若しそういう一心に帰命する信が起こるならば、それは自分が起こしたのではなくして、全く如来の仏心が私に廻向して下さったのであるということを知れということであります。

他力によってのみ助けたまうというのはそういうことであります。如来の御廻向によって起こりますというと、それは如来の真実心がつき通ったのでありますから、その心を至心というのであります。それから信楽も無論、如来の信ぜしめんとの真実心が私の信となり、信じたてまつる心が起こればこそ参りたいという心も起こって来る。これも如来の心であって、この如来からいただく三

信が一心によって私のものになって、初めて、心を至し信楽して我国に生まれんと欲うとおっしゃる心になることができるのである。だから他力の一心である信ずるということが起こらないならば至心も永久に起こらないし、信楽も永久に起こらないし、欲生心というものも起こるものではない。だからわれわれに起こさして助けようというのが御本願のおこころというものであります。こういうようにお示し下さったのが聖人のこの第十八願を御覧になった見方と申すものであります。だから自力で起こす三心ではなくして、他力によって起こさせられた一心であり、すなわち三信であります。他力によって起こさせられる三信というのは、つまり一信心を起こさしめようとしておられることが如来の念願であって、一心を起こさせて私共を助けようとしておられる御本願でありますから、全く他力の御本願と申すのであります。だから御本願は一声称えても助けようという全く他力の御救いを知らされる御本願でありますが、その御本願が知られるということは、帰命の一心というものが起こらなければ、称えただけでは助かるものではないというので、大事な第十八願を信心の願であると示し、至心信楽の願である、廻向の三心の願であるぞとお知らせくださったことであります。

第十八願の本願の要は、「本願を信じ念仏をまうさば仏になる」（七九二）と『歎異抄』にはこう簡単におっしゃるけれども、その本願とはどういうことであるか、信ずるということはどういうことであるかということを知ろうとせずに、ただぼんやり、ただこの言葉を聞いてわかったようなわからないように思っておるのが多いものですが、それをまあ蓮如上人は心配して、『御文』にはくりかえしまきかえし、「ただ称えてはたすからざるなり」と申され、念仏を聞き念仏を称える身になっておりながら、門前まで来て門をはいらないようなことになって終わってしまうのです。そういうことでは、死んでからの問題もあるが、生きておる間も本当の安心と本当の喜びというものがなく、助かったという幸せには出会わないのである。将来助かるであろうという喜びにとどまり、その希望を述べておるだけのこととなってしまうのです。助からずに終わってしまうということになるから、蓮如上人は非常に心配をしてくだされたのであります。親鸞聖人もこの第十八願というものを、お好みになったといったらわるいかもしれないが、やはりお好みになっただろうと思います。

第十八願の本願成就の文というのがあります。

あらゆる衆生その名号をききて、信心歓喜《しんじんかんぎ》し、乃至一念《ないしいちねん》せん、至心廻向《ししんえこう》したまへり。かのくにに生《しょう》ぜんと願《がん》ずれば、すなはち往生《おうじょう》をえ、不退転《ふたいてん》に住《じゅう》す。ただし五逆《ごぎゃく》と誹謗正法《ひほうしょうぼう》とをばのぞく。

(四〇)

その名号というのは、前の十七願の名号を指すと昔からいわれております。十七願は諸仏称名の願であって、諸仏に讃められ称えられようという御本願であります。それはどういうことかといったら、我が名によって助けようという御本願でありますから、正信偈には「重誓名声聞十方」と仰せられて、「重ねて誓うらくは名声十方に聞えん」と、我が名を十方に聞かしてそれによって助けようということです。だから一声でも南無阿弥陀仏と聞いたら我が助かる道があると知るべきであり、助けたまう親様があると知るべきであります。これは全く他力の救済の御本願であります。親鸞聖人はこの願成就の文というものによって、本願のおこころを知られたのであります。この願成就の文は真宗の大事なことでありまして、蓮如上人の『御文』はいろいろのことが書いてありますけれども、願成就の文のおこころをいつでも中心にしておられるということを注意していただかねばなりません。願成就の文というものが、親鸞聖人の本願の文を解釈せられる眼鏡であります。だから第十八願は成就の文という眼鏡をかけて見ると初めてわかるのです。本願では至心とあって真実になれとおっしゃるから、これ位なら真実になれたのかと思っておるのだけれども、もっと考えてみれば、だんだん真実になれないものだということがわかる。御注文通りになろうと思ってもなれないのです。なれねば助からぬのだが、なれないことをおっしゃるわけはないのです。十方衆生誰でも救おうという御本願であります。それであればこそ大慈悲の仏であり、十方衆生が救われなければ仏ではありません。愚かなものでも救うといっておりながら、こういう難しいことが書いてある。ですからどうも本願というものを見ますとなかなかわからないことになります。だから本願ということをみんなお互いは、いい加減に聞いて、そうして自分の頭で解釈して、大抵のところで信じたり煩悶したりしておるのでしょう。

そこで親鸞聖人は願成就の文というものを発見して、その眼鏡をかけて第十八願を見られたのです。そうすると四十八願の真意が見えてくるのでありましょう。四十八の本願が見えれば『大無量寿経』というお経が読める。『大無量寿経』というものが本当にわかると『観経』『小経』の真意がわかる。三部経の御精神が本当にわかるのです。だからその一番眼目が願成就の文であります。

法然上人も願成就の文が大事だといっておられますけれども、親鸞聖人は、願成就の文というものによってこそ本願がわかるのだと見ておられるのであります。

「あらゆる衆生」ということだからこれは十方衆生と同じことです。「その名号をききて信心歓喜し乃至一念せん」とあるのは「至心信楽欲生我国」ということをおっしゃるのです。「至心に廻向したまへり」ということは他力の廻向だ、ということであります。「若不生者不取正覚」ということは「願生彼国即得往生住不退転」ということである。こういうように願成就の御文から本願を御覧になりますと、信心が大事であるということがわかるのでありまして、十方衆生が助かるのには、その名号を聞いて、信ずる心が起こって、歓喜踊躍して乃至一念せん。この一念は帰命の一念でありますから、百ぺん千べん称えるということもあるが、しかし称えるということも究極は助けたまへということで、行の中には信ずるということが先立っておるわけである。だから、信というものが一番大事であって、念仏の行というものは信というものに先立たれておらなければならないということであります。

親鸞聖人はいつでも、聞は信なりと仰せられて、聞くという字が出てきたら信ずるということであると注意しておられるのです。その名号を聞いてということは、聞信する、聞くとも信ぜざれば聞かざるが如しであります。南無阿弥陀仏という名号は、蓮如上人は善導大師の六字釈をいつでも引かれまして、南無阿弥陀仏という名号を称えておるだけではなしに、その意味を聞くというと、南無阿弥陀仏ということは、その御名が示しておられるようになるということであります。帰命せよということであります。帰命せよということは、一声称えても助かるぞという、救済のお心を知らしているのですから、そのおこころが本当に聞こえたものならば、ありがとうございますと、たのむこころが起こるはずであります。私は至心もなし信楽もなし欲生心も起こらないような自分でございます。けれども我をたのめよという信を起こさせたいのですから、この世界にはいろんなことが起こります。また家庭のうちにもいろんなことが起こります。我が身一身上にもいろんなことが起こります。けれども皆苦しんでおるから十方衆生を救いたいという仏の大悲願は、南無阿弥陀仏と聞こえたら南無せよということであります。一心に我をたのめ、自分の罪の深い浅いに頓着せずたのめば必ず助くるということです。

如来の作願《さがん》をたづぬれば　苦悩の有情《うじょう》をすてずして
廻向《えこう》を首《しゅ》としたまひて　大悲心をば成就せり。（五五八）

とあります。如来の御本願をお立て下されたことは、悪くてもよくても今苦しんでおる者は皆かわいそうなものであるからして、初めから終わりまで、あなたの廻向、あなたの御与えのみによって助けてやろう、というのが如来の大悲心というものです。だからして、全く他力によって救おうとしておられるのが如来のお心と申すものであります。そういうことを一つ知らせようという御はたらきがこの世界中に充ち満ちておって、そうして私の上に迫っておる。これが「響流十方」響、十方に流るとでも言いましょうか、この如来の御声がこの世界中に響いておるのです。それゆえ本願招喚の勅命であると申されるのです。南無阿弥陀仏ということは、我に帰命せよ、一心に帰命すれば、それによって汝を救うという大きなお声が響き渡っておるのであります。

私は、静かに考えますと、日本の二千六百年乃至千六百年以来の歴史にはあらゆることがあります。あらゆる事柄が今日今時にいたるまで、何を叫んでおるか、というと、一心に帰命せよ、南無せよという如来の本願の勅命であります。我を信ぜよ、信ずるというはどういうことだといったら一心に帰命することです。だから南無阿弥陀仏という名号は、信ぜよということなんだ、称えよ、称えたら助かるといつも言われた善導大師でも、その御本心をたずねれば、六字釈をつくられて、南無というは帰命なりと仰せられておるのです。念仏の意味は帰命せよということであって、親鸞聖人は本願招喚の勅命なりとおっしゃって、勅命が下っておるのだ。だから、その名号を聞くということは、我に帰命せよというお声を聞くことである。その名号を聞いて、そうでございましたかと信ずる心が起こって、ああそうでございましたか、と歓ぶ心が起こる。これは一つのことを説明されるのですが、乃至一念せん、一ぺん念仏を申すということではない。これは十ぺんの一ぺんということではない。もっと切り詰めると、名号を聞いて助けたまえと一心に帰命するということである。本願招喚の勅命を聞くということである。だから信ずるということによって助かるのだ、ということです。そういう心は自分が起こそうと思ったって起こるのではないのであります。この本願を見ていると自分が起こして行かねばならんように見えるけれども、やってみたけれども親鸞聖人はできぬと知られて、「至心に廻向したまへり」とある通り、これは如来よりの至心廻向によると知られたのです。これは他の浄土宗では、至心に廻向してと読んでおられるそうでありますが、親鸞聖人は「至心に廻向したまへり」と訓点を付けかえられました。さっきから話しましたように、この三信は起こせそうに思えても、起こるような上等なわれわれではないからして、そんなことを注文なさるわけがないのであって、至心に廻向したまい、この三信を与えたいがために一心を御廻向下さるのであり、帰命する心をどんなにでもして起こさせようとしておられるのが如来の御心であるということです。例えば、子が死んで泣くとか、一生不遇に泣くとか、あるいは貧乏して泣くとか、又はお金を儲けて喜ぶというか、順縁にあれ、逆縁にあれ、いろいろな手だてをして、とうとう助けたまえという心が起こらざるを得ないようにして下さるという、それが光明の御はたらきというものであります。そのように真実心をもってわれわれに廻向して下さったからして乃至一念するようになったのである。又至心に廻向して下さったからして彼の国に生ぜんと願ずる心もいつの間にか起こるようになったのです。現前の生活にばかりとらわれておった心が、至心に廻向したまうお蔭によって、彼の国に生ぜんと願ずるようになったのだと、これは承上起下の語といって、前の方も至心に廻向したまうということを示し、下の方も至心に廻向したまうということであって、両方共至心に廻向したまうということであります。「彼の国に生ぜんと願ずれば即ち往生を得」とあるのを親鸞聖人は、「即ち」ということはたのむその時、彼の国に生まれたいと思ったそのとき、もっと約めていえば、乃至一念するそのとき、つまり「即は、すなわちといふ、ときをへず、日おもへだてぬ」（六二四）と仰せられています。その場を去らずして往生を得るという。往生を即得すると申されるのです。

往生ということは普通には、西方十万億の国土を過ぎて極楽という世界がある、そこへ往って生まれるように説かれておったり、そう思っておったりしますけれども、往生を即得するのだと申され、即ちその時その土地を去らず往生を得るのであって、如来の御国に生まれるということであるとおっしゃるのです。

もう一ぺん言い換えれば、即ち往生を得て不退転に住するのであって、もう退かぬ、不退転は正定聚の位ということであります。摂取不捨の身の上になるということでありまして、ただいまから助けていただいた身の上にさせていただくということであります。それが第十八の本願のおこころであると知らして下さったのです。

だから三信は一心であるが、その一心も自分から起こすのでなくして、至心に廻向したまえるお蔭によって起こるものであります。だから信心は他力なるぞ、ということをおっしゃいました。その他力より催されてたのみたてまつるという心が起こる、それが助かる原因、種になるのです。その上から南無阿弥陀仏、南無阿弥陀仏と称えるのです。蓮如上人がおっしゃるように、この念仏を申して助けていただこうということを思わずに、称えたら助かるとか、称えたらこの世で幸せがくるとか、それは念仏というものを使おうと考えておるのである。そうではない、ありがたや南無阿弥陀仏、南無阿弥陀仏と喜ぶ上から、御礼の心で称えるようになるのである。念仏は使うのではない、ただありがたや、と思ってお念仏を申せば、それこそ本当の往生の行になり、受けた喜びを讃えておる。念仏に大善大功徳があって、この世の幸せも未来の幸せもみなここに来る、ということを知らして下さっておるのです。そこがわかれば、現世利益の念仏でなく、また戦後にはいろいろと迷信が流行して、梅雨に草木が繁るように、生じて来ましたが、そういう迷信によって、あっちへ動き、こっちへ動きする必要がなくなるのです。ただ助けたまえる喜びから、南無阿弥陀仏、南無阿弥陀仏と称えるのであって、念仏を利用するというような考えではなく、喜び讃えるようになるのです。このような身の上になるというと、名号の功徳として本願の功徳として、求めず知らず覚えざるに、この世の幸せも、未来に対する幸せも得させていただいて、種々の迷信に迷わされることもなく、ただいまから幸せになれるようにしたいというのが即得往生の教えであります。

往生ということは、どういうことかというと、不退転に住することです。これを浄土宗の方では死んでから極楽というところへまいって不退転の位になって後に仏になるのだと、こういうように説かれるそうであります。けれども、即得往生とは住不退転ということであって、不退転に住するから、正定聚の身の上になるということであって、それは即得往生ということによるということを知れ、ということであります。だから救済は未来のことではなくして、現在の私どもの上にかかっておることであります。私どもが如来の廻向によって一心が起こるようになるというと、念仏を喜ぶようになり、そこには現在の幸せと、未来の幸せというものが、如来の大慈悲心によって満足させていただくようになるということを知らして下さっておるのが、この願成就の文というものであります。第十八願の因願というものが私どもの上に渡って来るとこうなるということを知らされるのが、成就の文でありますから、成就の文のおこころによって本願のおこころを知ったとおっしゃるのであります。またそれを私共に知らしておって下さるのであります。蓮如上人の『御文』のおこころもこのおこころにほかならないのです。蓮如上人のお示しを得てこそ、親鸞聖人のものを読ましていただいた時、こういうことが一層はっきりと領解できるのであります。

第十八の本願成就の文というものが『大無量寿経』の下巻の初めにあるのでありますが、親鸞聖人は願成就文というものを通して、その眼鏡をかけその眼をもって第十八の本願を御味わい下されて、そうして第十八の本願の真意を領解されたかと思います。第十八願の本願はなかなか意味がわかりにくいのですけれども、願成就の文というものをいただいて、ひるがえって本願の文を味わいますときに、第十八の本願というものがわかるのであります。それがわかれば『大無量寿経』がわかる、『大無量寿経』がわかれば『観経』と『小経』のこころもわかって、三部経全体のこころというものがわかるのだ、こういうようにお示し下さったのであります。

願成就の文というのは、さきにもお話いたしましたが、

あらゆる衆生《しゅじょう》その名号をききて、信心歓喜《しんじんかんぎ》し、乃至一念《ないしいちねん》せん、至心廻向《ししんえこう》したまへり。彼のくにに生ぜんと願ずれば、すなはち往生《おうじょう》をえ、不退転《ふたいてん》に住《じゅう》す。（四〇）

こういうように、お読み下さっておるのです。以前に、大略お話をいたしましたけれども、もう一度この願成就の御文についてお話をいたしておこうかと思うのであります。

『教行信証』の「信の巻」末巻の初めには、願成就の御文を詳しく説明しておられます。そうしてこういうように見て、こういうように味わうのが本当だぞということを、「信の巻」にわざわざ

出しておられるということによって、これが如何に大切な御文であるかということがわかるのであります。

真宗は「聞」の一字に極まるというのであります。

経に聞《もん》といふは、衆生仏願《しゆじようぶつがん》の生起本末《しようきほんまつ》をききて疑心《ぎしん》あることなし、これを「聞《もん》」といふなり。

（二三四）

「聞」ということはどんなことか、仏様の御本願のなりたちとできあがったという、その謂れをよくよく聞き開いて、そうでございましたかと疑いがなくなったのを聞いたというのだとあります。これを簡単にいうと、南無阿弥陀仏という御名号を成就して下されたということは、私のようなものでもお助け下さるという思召しであったかと、こういうことがわかって疑心あることなしといい、これを「聞」というのであります。後にもお話しますが、真宗で聞其名号という「聞」は、ただラジオが聞こえて来るというようなことでなく、名号を聞いて信ずることであって、信ぜられてこそ「聞」いたのであり、信ぜられなければ聞いても聞かざるが如し、疑心がなくなって信ぜられたということこそ聞いたということです。聞は信なり、聞という字に信という意味があるということをいつでもおっしゃるのであります。

「信心歓喜」とある、これを又説明して、

信心《しんじん》といふは、すなはち本願力廻向《ほんがんりきえこう》の信心《しんじん》なり。（二三四）

信心というものは至心になって信楽して欲生の思いが起こるようになったと、自分から起こすように思うけれどもそうではなくして、其の名号を聞いて信心歓喜するという信心ということは、自分から起こすのでなくして、よく調べると、そういう心が起こったら、それは本願力廻向の信心ということであって、他力の信ということである。本願力の御廻向によって起こるようになった信心である、こう説明をしておられるのです。

次に、

歓喜《かんぎ》といふは、身心《しんしん》の悦予《えつよ》をあらはすかほばせなり。(二三四)

歓は身をよろこばし、喜は心をよろこばす。身も心も喜ぶ形を歓喜というのである。

乃至といふは、多少を摂することばなり。(二三四)

乃至ということは多いとか少ないとかいうことの両方を持っておるということであります。

一念《いちねん》といふは、信心二心なきゆへに一念《いちねん》といふ。(二三四)

乃至一念というのは一ぺん念仏を申すということ、一ぺん念仏を申すということを推し詰めて行くと、信ずるということであって、念仏を口に申すのみならず心に信ずるということであります。たとえ一ぺんでも信ずる、ということをあらわすのが乃至一念ということである。

これを一心《いっしん》となづく。一心はすなはち清浄報土《しょうじょうほうど》の真因《しんいん》なり。(二三四)

と御注釈下さっておるのであります。詳しい解釈は略しますが、若し詳しく読みたいという方がありましたら信の巻の末巻の初めの方をお読みになると、この願成就の文が如何に大切なことであるかということがわかるのであります。

それはそれ位にしておきまして、次に皆さんに聞いていただきたいと思うのは、『一念多念文意』という御文のこころであります。『一念多念文意』というのは『唯信鈔文意』とともに、聖人晩年のお作でありまして、若しこういうお作がのこっておらなかったならば、われわれはこうじゃろうか、ああじゃろうかと惑うことでありましょう。だから長生きして下さって、こういうお書物をのこして下さったということは、非常に有難いことであります。

諸有衆生《しょうしゅじょう》、聞其名号《もんごみょうごう》、信心歓喜《しんじんかんぎ》、乃至一念《ないしいちねん》、至心廻向《ししんえこう》　願生彼国《がんしょうひこく》、即得往生《そくとくおうじょう》、住不退転《じゅふたいてん》とときたまへり。諸有衆生《しょうしゅじょう》といふは、十方のよろづの衆生《しゅじょう》とまふすこころなり。聞其名号《もんごみょうごう》といふは、本願の名号をきくとのたまへるなり。きくといふは、本願をききて、うたがふこころなきを聞といふなり。またきくといふは、信心をあらわす御のりなり。信心歓喜乃至一念《しんじんかんぎないしいちねん》といふは、信《しん》心《じん》は、如来《にょらい》の御ちかひをききて、うたがふこころのなきなり。歓喜《かんぎ》といふは、歓はみをよろこばしむるなり、喜《き》はこころをよろこばしむるなり、うべきことをえてむずと、かねてさきよりよろこぶこころなり。乃至《ないし》は、おほきおも、すくなきおも、ひさしきおも、ちかきおも、さきおも、のちおも、みな、かねおさむることばなり。一念《いちねん》といふは、信心をうるときの、きわまりをあらわすことばなり。至心廻向《ししんえこう》といふは、至心《ししん》は、真実といふことばなり、真実は阿弥陀如来の御こころなり。廻向《えこう》は、本願の名号をもて、十方の衆生にあたへたまふ御のりなり。願《がん》生彼国《しょうひこく》といふは、願生は、よろづの衆生《しゅじょう》、本願の報土《ほうど》へむまれむとねがへとなり。彼国は、かのくにといふ。安楽国《あんらくこく》をおしへたまへるなり。即得往生《そくとくおうじょう》といふは、即は、すなわちといふ、ときをへず、日おもへだてぬなり。また即は、つくといふ、そのくらゐにさだまりつくといふことばなり。得は、うべきことをえたりといふ。真実信心《しんじつしんじん》をうれば、すなわち無碍光仏《むげこうぶつ》の御こころのうちに摂取《せっしゅ》して、すてたまはざるなり。摂は、おさめたまふ、取はむかへとるとまふすなり。おさめとりたまふとき、すなわち、とき・日おもへだてず、正定聚《しょうじょうじゅ》のくらゐにつきさだまるを、往生をうとはのたまへるなり。

しかれば、必至滅度《ひっしめつど》の誓願《せいがん》を大経《だいきょう》にときたまはく、設我得仏《せつがとくぶつ》、国中人天《こくちゅうにんでん》、不住定聚《ふじゅじょうじゅ》、必至滅《ひしめつ》度者《どしゃ》、不取正覚《ふしゅしょうがく》と願じたまへり。また経(如来会)にのたまはく、若我成仏《にゃくがじょうぶつ》、国中有情《こくちゅううじょう》、若不決定《にゃくふけつじょう》、成等正覚《じょうとうしょうがく》、証大涅槃者《しょうだいねはんしゃ》、不取菩提《ふしゅぼだい》とちかひたまへり。この願成就を、釈迦《しゃか》如来ときたまはく、其有衆生《ごうしゅじょう》、生彼国者《しょうひこくしゃ》、皆悉住於《かいしつじゅうお》正定之聚《しょうじょうしじゅ》、所以者何《しょいしゃが》、彼仏国中《ひぶつこくちゅう》、無諸邪聚《むしょじゃじゅ》、及不定聚《ぎゅふじょうじゅ》とのたまへり。これらの文のこころは、たとひわれ仏をえたらむに、くにのうちの人天、定聚にも住して、かならず滅度《めつど》にいたらずば、仏にならじとちかひたまへるこころなり。また、のたまはく、もしわれ仏にならむに、くにのうちの有情《うじょう》、もし決定して等正覚《とうしょうがく》をなりて大涅槃《ねはん》を証せずば、仏にならじとちかひたまへるなり。かくのごとく法蔵菩薩《ほうぞうぼさつ》ちかひたまへるを、釈迦如来五濁《じょく》のわれらがためにときたまへる文のこころは、それ衆生《しゅじょう》あて、かのくににむまれむとするものは、みなことごとく正定聚《しょうじょうじゅ》に住す。ゆへはいかんとなれば、かの仏国のうちにはもろもろの邪聚《じゃじゅ》および不定聚《ふじょうじゅ》はなければなりとのたまへり。この二尊の御のりをみたてまつるに、すなわち往生すとのたまへるは、正定聚《しょうじょうじゅ》のくらゐにさだまるを不退転《ふたいてん》に住《じゅう》すとはのたまへるなり。このくらゐにさだまりぬればかならず無上大涅槃《ねはん》にいたるべき身となるがゆへに、等正覚をなるともとき、阿毗跋致《あびばっち》にいたるとも、阿惟越致《あゆいおっち》にいたるともときたまふ。即時入必定《そくじにゅうひつじょう》ともまふすなり。（六二三）

こういうように大変長々と『一念多念文意』には懇切に願成就の御文のこころを知らして下さっておるのであります。もう一ぺん今の『一念多念文意』を味おうて行きたいと思うのですが、「きくといふは信心をあらわす御のりなり」名号を聞くということは信ずることであるということをはっきりしておけということなんであります。次に「信心歓喜し乃至一念せん」ということは、われわれが信ずるということは、それは同時に歓喜ということである。信心歓喜乃至一念とおっしゃるけれども一つの信ということを詳しく申されたにほかならんのであります。だから名号を聞いて信ずるという心が起これば、疑いの心がはれて、身を歓ばし心を喜ばしめる心が起こる。「うべきことをえてむずとかねてさきよりよろこぶこころなり」われわれの本当の幸福ということは涅槃に達するということでありますが、わかりよくいえば信心を得れば助かるに違いないということなんであります。信心には現在を喜ぶということと、将来を喜ぶということ、その両方があるということを現わしておられるのであります。それが信心歓喜ということである。「乃至一念」は十ぺんなり一ぺんなり、一念とも十念ともきまっておらぬ、それを兼ねるという言葉である。「一念といふは、信心をうるときの、きはまりをあらはすことばなり」で、長いことということでもなく、何べんでもというのでもなく、本当に疑いはれた身の上ということでありますから、信ということが実は一念だということである。だから十ぺん念仏してもかまわぬし、一ぺん念仏してもよいのだ、この意味が「乃至」という意味であります。信心ということは長いこと信じなければ助からぬということでなしに、ひとおもいで助かるという「信心をうるときのきわまりをあらわすことばなり」と申され、「至心廻向」という言葉も「至心は、真実ということばなり、真実は阿弥陀如来の御こころなり」ということであります。世間ではよくあの人は真実である至誠であるといっても、それは仮りにそういうことを言っておるのであって、本当に考えたら凡夫には真実心というものはないのであると、親鸞聖人ははっきりといっておられます。「真実は阿弥陀如来の御こころなり」つまりわれわれの心ではないということであります。これは驚くべき御ことばですが、それだから「至心」とは心を至す、即ち真実になるのである、と思っておるかもしれないがそういうことではない。真実という心にはなれるものでない。至心、真実は阿弥陀如来の御こころです。「廻向は本願の名号をもて、十方の衆生にあたへたまふ御のりなり」どうして救うかといえば、如来が廻向して衆生に与えるということでありまして、真実の心をもって本願の名号のことをしらしめて、他力によって助かるということを、南無阿弥陀仏の名号によって知らしめ信ぜしめたいのであります。すなわち、与えて下さった名号を、本当に私どもが受け取ったということは、そういう信心歓喜の心から、南無阿弥陀仏と称えるようになったことである。だからどうしても信というものがなくてはならぬ、こういうことであります。われわれはこれがなかなか嫌いなんで、念仏を申して助かる教えというようなことが好きなんであります。それゆえに、注意された親鸞聖人の教えが生きて来るのです。

「願生彼国」彼の国に生まれんと願ぜばということは、彼の国は如来の国であります。願ぜばということは死んでからということではないのです。願じておるのは今であります。今の心であなたの御国に生まれたいと願うのでありますから、「よろづの衆生、本願の報土へむまれむとねがへとなり」本願の報土というのは光明土ということである。仏は尽十方無碍光如来なりと天親菩薩がおっしゃった。仏は、光明限りなく、寿命限りなき仏になろうという本願を立てられて、その本願に報いて現われたのが報土ということでありますから、死んでからということばかりを意味しておるのではないということを知るべきであります。なお「彼の国」というが、彼の国は死んでからというように思っておるけれども、「彼国はかのくにといふ。安楽国をおしへたまへるなり」この安楽国というのが如来の光明土に生まれるということを暗示しておられる言葉であろうと思います。言い換えれば摂取不捨の身の上になるのだと知れよということなんであります。

それから次に、「即得往生」と「住不退転」ということです。即得往生というは、彼の国に生ぜんと願えば、死んでからということを待たずして、現在において、「即はすなわちといふ、ときをへず日おもへだてぬなり」彼の国に生ぜんと願じ、一念帰命したてまつれば、そのときを去らずしてということが「即」という意味であります。ところで「即」にも「同時即」と「異時即」ということがありますが、「異時即」というのは同じ、「即ち」往生するといっても、三日、五日後の「即ち」もあるし、死んでから後のことを「即ち」ということもある。親鸞聖人のこころは「同時即」ということであります。蛹はそのまま蝶になる、それはそのものは動いておらぬけれども時が違う。しかし蛹が三日経てば蝶になる。これを蛹即蝶であるともいわれる。けれども親鸞聖人は同時即で「即はすなわちといふ。ときをへず日おもへだてぬなり」昔からやかましく気をつけておられるところなんであります。

もう一つ「即」という字には意味があると申されて「即はつくといふ、そのくらゐにさだまりつくということばなり」まだ王じゃない。けれども皇太子の位につけば王位に即くという意味になる。だから「得」というのは「うべきことをえたりといふ」将来に得るということでなしに、もうえてしまったということである。「即得往生」というのは、往生を未来のことにされない。親鸞聖人の教えは本当の宗教ということであり、空想ではなく、現在における救済であるということがわかるのであります。

さらに「真実信心をうればすなわち無碍光仏の御こころのうちに摂取してすてたまはざるなり」聖人の御教えは摂取不捨の宗教であります。他の浄土門、他の念仏門は現在でなくして、死んでから後に助かるという教えであります。親鸞聖人も初めはそういうことで喜んでおられたけれども、どうしても得心がいかなかったのでありましょう。自分に何らかの経験もなしに、如何に本願を信じたいといっても、死んでからそうなるに違いがないとか、仏様のお約束だからそれに違いがないというけれども、親鸞聖人は、私どもが今助かるというところの確認が生じなければ助かるわけがないという、そういう確実性といいますか、そういう切実なる御眼識があったればこそ、こういう御本願の真意が見えたのだと思います。

「摂取」については、「摂はおさめたまふ、取はむかへとるとまふすなり」そうして次に「おさめとりたまふとき、すなわちとき・日おもへだてず、正定聚のくらゐにつきさだまるを、往生をうとはのたまへるなり」と。だから往生ということは、多くは死んでからのことにしておるけれども、親鸞聖人はそうではないのであります。これは『一念多念文意』だけの御文でなく、『教行信証』もそういうことなのであって、『教行信証』のおこころがどういうことだということはなかなかわかりませんが、こういうおことばを見ると『教行信証』の御文もはっきりして来るのであります。だから即得往生ということは、はっきりと現在であって、往生を得るということは信によって往生する。往生を得たということは正定聚の位に定まることであって、摂取不捨の身の上になることで、そうならしめよう、ということが第十八願の御苦労というものであります。

それから引続き第十一の本願をお引きになって、それを詳しく平たく御説明になりまして、それを願成就の御文から御覧になったのです。この「生彼国者」とあるのを「彼の国に生まるる者は」と他の浄土門では読んで、死んでから極楽という国に生まれてと見ておるのに、親鸞聖人は、「かの国に生ぜんとするものは」と読まれて、信じてお念仏した者は、彼の国に生まれんとする者であります。『教行信証』を聞きますと、『論註』なんかによって、もっと詳しいいろんな議論がわかるのですけれども「生彼国者」は「彼の国に生まれんとする者は」であって、親鸞聖人は勝手に仮名を付けかえて、未来のことを現在にしてしまわれたという人もあります。けれども、この前も申しましたように、梵語の原本を見てみますと、曇鸞大師のお書きになったように、彼の国に已に生まれたるもの、又生まれようとする者とあるのであります。親鸞聖人は原本を見られたわけではないけれども、そう読まなければ『大経』全体が読めなかったのです。そういう自信をもって、彼の国に生まれんとする者はと点をつけられたことは、非常に驚くべき偉大な卓見といいますか、御自信というものであります。死んでからということでなくして、彼の国に生まれんとする者は皆悉く正定の聚に住するものである。これを真宗では現生正定聚というのであります。この世の上において正定聚に住するのであるということが親鸞聖人の御教えでありまして、『末燈鈔』には「真実信心の行人は、摂取不捨のゆへに正定聚のくらゐに住す」（六九〇）と申されているのであります。

真実信心の行人は現在において摂取不捨の身の上になる、これが助かるということであり、それが往生すということである。弥陀釈迦二尊の御心を見ておるというと、即得往生といっておられるのは、死んでからと思うなということです。「正定聚の位に定まるを不退転に住すとのたまふなり」親鸞聖人は皆現生不退、現生正定聚と申されているのであります。それでなければ本当に有難いとも助かったとも言えぬのであります。真宗よりほかの浄土門では、死んでから極楽へ参って、それからぼちぼちいろんな御説法を聞いて、聾棧敷から本棧敷へ出てそれから段々進んで行くのだというように言ったり思っておる人がございます。けれども、親鸞聖人や蓮如上人は現生不退といわれます。退転もしなければ横へもころばぬし、後ろへもころばぬと、それゆえ向うへ行くより仕方がない。この現生不退ということが親鸞聖人の喜びであります。それが本当の宗教というものだと思います。

「このくらゐにさだまりぬればかならず無上大涅槃にいたるべき身となるがゆへに、等正覚をなるともとき、阿毗跋致にいたるとも、阿惟越致にいたるともときたまふ」(六二五) 阿毗跋致も阿惟越致も梵語を漢字で書いたのですが両方とも不退転、一生補処ということであります。龍樹菩薩の言葉をもってすれば「即時入必定とまふすなり」死んでからでない。時を経ず日を隔てず、信の一念の其の時に必定に入る。こういうことを示して下さっておるのが願成就の御文というもので、このこころをもって第十八本願を窺うならば、初めてこの御本願はどういうことを意味しておられるかということが明らかになるわけであります。

まあ願成就の御文を自分勝手に言わずして、聖人のお言葉を一々味わわしていただいて聞いていただいたようなわけであります。しかしまだもう一つ残っておるのが、「若不生者不取正覚」ということでありますから、次に、それについて聖人の思召しをお話させていただきたいと思います。

親鸞聖人の思召しは、如来の本願は、御名によって救おうということであり、御名による他力の救済ということを示して下さっておるということであります。御名によって助け、御名を称えるというようにならしめたいということであります。しかし救済ということは、未来的なることではなく、信によることであって、称えるということによるのではない。称えておるけれどもそれに先立って信が正しい原因である。未来ではない、現在において救われるということを知らされたのが親鸞聖人の救済ということであります。さっき言いましたように、真実信心の行人は必ず念仏を申しますから行人といわれます。ただ念仏を申せばとおっしゃらぬ。真実信心の行人は念仏を称えたならば助かるということも、ただそういうことを真似するだけではなしに、信ということを示して信が原因になって念仏者というものになるのだ、ということを知らせたいというのが、親鸞聖人の切ない願いであります。ですから、真実信心の行人は、とおっ仰しゃるのです。だから真実信心ということによって摂取不捨の身の上にせられるということが救済ということであって、言い換えればそれは正定聚ということ、不退転ということ、一生補処ということである。それが救済ということである。こういう救済ということは信によるということと、信というものが現在の救済をもたらすものであるということをはっきりとして下さったのが親鸞聖人の御教えであります。そういうことは、願成就の御文を仔細に味わうことによってわかるのであるというので、長々とお示し下さったのであります。

一番しまいに「若不生者不取正覚」という御文があります。若し生まれずば正覚を取らじ、生まれささなければおかぬという、これは若し信ずれば必ず生まれるということであります。真宗は「生」の一字に極まるといわれます通り、なるほどそうでありまして、本願の御文には往生ということはないのであります。普通には、「生」というは未来に往生することだというように取りやすいのですが、それは道綽・善導・源信・源空という方々及び蓮如上人なんかそういうようにとっておられるようであります。この「生」という一字を如何に味わうかということに、真宗がわかるかわからんかということがあるので、本願の文は「生」の一字に極まるというのですが、それはどういうことかといいますと、「生」ということは死んでから往生するということではなくて、若し生ぜずばということは、先にありましたように正定聚の身の上になるということです。「願生は、よろづの衆生、本願の報土へむまれむとねがへとなり」（六二四）報土に生まれるということになって、死後ということではないということを示されておるのです。善導大師は念仏することを非常に勧められ、蓮如上人も同じように未来往生ということを強く勧められているのであります。しかしまた他の一面においては、信ということによって助かると、はっきり知らして下さっておるのも善導大師であるということで、親鸞聖人は「善導独明仏正意」といい、法然上人は「善導一師に依る」たくさん師匠はあるけれども善導大師のことを師匠の中の師匠であるといわれておるのです。

善導大師の御和讃の第九番目には、

経道滅尽《きょうどうめつじん》ときいたり　如来出世《しゅつせ》の本意《ほんい》なる
弘願真宗《ぐがんしんしゅう》にあひぬれば　凡夫念じてさとるなり。（五四四）

とあります。これは本願の貴さを示された御和讃でありまして、経道滅尽というときがあるというのが仏教の立て方であります。「経は教なり」で「教へ」という字にかえてもよいのです。この世から教えというものがすっかりなくなるときがある、「道は仏道」と申しまして仏になる道、経典がなくなり宗派が潰れてしまって仏教というものがなくなってしまう。滅尽は消してしまう、そういう時があるといわれるのです。『大経』にそう書いてあるのです。今は末法でありますが、末法を万年と数えて、末法万年の後には、一切のお経も、人の口から口へ伝わった経道というものも一切なくなってしまう。教えるものもなければ教えられるものもなくなってしまう。そういうときにどうして助かるのか、助かりようがない。そのときにあたってさえも、如来出世の御本懐は、如来は諸仏を代表しての釈尊のことでありますが、「ただ弥陀本願海を説かんとなり」(『正信偈』・一九〇)弥陀の本願ということを説き知らそうというのであります。弘願真宗という、十方衆生、だれでも救おうという御教えであればこそ本当の仏教であります。どういうものは助けるけれどもどういうものは助けぬということである限り、それは本当の仏身ではない。名号によって助かる、他力によって助かるということが、「弘願真宗にあひぬれば凡夫念じてさとるなり」(『高僧和讃』・五四四)ということです。凡夫というのは平々凡々たるもの、平々凡々たるものということは、常人ということで、親鸞聖人は凡夫を説明して、「凡夫といふは、無明煩悩、われらがみにみちみちて、欲もおほく、いかり、はらだち、そねみ、ねたむこころ、おほくひまなくして、臨終の一念にいたるまで、とどまらず、きえず、たえずと、水火二河のたとえにあらわれたり」(『一念多念文意』・六三九)これが親鸞聖人の定義であります。わるいこと、罪悪ならば何ほどでもやるけれども、助かるようなことはできもしなければ資格もないというのが凡夫なんです。「念」は「信」なりというお指示がありまして、凡夫であっても信ということによってさとる、助かるということができる。弘願真宗にあえば、何も能わないけれども、信ずるということでさとるなり。「さとるなり」ということは、正定聚になるということであって、仏になるということではなく、仏にならしてもらうに違いがないと思える、正定聚にならしめて下さるということであります。かく信ぜられ、喜ばれた人は必ず滅度にいたると申されるから、ここにおいて本当に安心と信心歓喜の心を起こして助かるのであります。そういうことで「凡夫念じてさとるなり」と申されているのです。「さとる」ということは、「証は験なり」と聖人は示されて、きざしというものがそこに生ずる、正定聚は涅槃に至るべきしるし、徴候がそこに現われてくるということでありまして、凡夫なれども念仏を申す、念ずるということだけで助かるのであるということであります。

これが本願を讃えられたお言葉であり、経道滅尽の末法万年の後においてもということであれば、今も助かるということは無論のことと知れということです。それが念によってさとる、信ずるということによって助かる。こういう道が一つ開けてあるのだ、とこういうことを知らされるのが真宗という教えであります。

又『一念多念文意』をうかがいますと、今、長々と引いた御文の中でありますが、善導大師の、

致《ち》使《し》凡夫《ぼんぶ》念即生《ねんそくしょう》（六三九）

という言葉があります。凡夫をして念即生せしむることをいたす。これを註釈されて、次のように述べられます。

致《ち》はむねとすといふ。むねとすといふは、これを本とすといふことばなり。いたるといふ。いたるといふは、実報土にいたるとなり。使《し》はせしむといふ。凡夫《ぼんぶ》は、すなわちわれらなり。本願力を信楽《しんぎょう》するをむねとすべしとなり。念《ねん》は如来の御ちかひをふたごころなく信ずるをいふなり。即《そく》は、すなわちといふ。ときをへず、日をへだてず、正定聚《しょうじょうじゅ》のくらゐにさだまるを即生《そくしょう》といふなり。生は、むまるといふ。これを念即生《ねんそくしょう》とまふすなり。また即は、つくといふ。つく

といふは、くらゐにかならずのぼるべきみといふなり。世俗のならひにも、くにの王のくらゐにのぼるおば、即位といふ。位《い》といふは、くらゐといふ。これを東宮のくらゐにゐるひとは、かならず王のくらゐにつくがごとく、正定聚《しょうじょうじゅ》のくらゐにつくは、東宮のくらゐのごとし。王にのぼるは、即位といふ。これは、すなわち無上大涅槃《ねはん》にいたるをまふすなり。（六三九）

無論、無上大涅槃にいたることを真の幸福とし、真の仏道とし、真の人生目的とし、それをもって人間至上の目的とせねばならんのでありまして、そういうことを知らせたいのが仏教であります。われわれはちょっとでも苦しいことが楽になったらよいと思っておりますけれども、それもさせてやりたいが、要は、親が子供にちっとでも楽なように饅頭が欲しいといえば饅頭、氷が欲しいといったら氷、暑うて苦しんでおれば氷を食わせたい、ほっこりしておれば饅頭を食わせたい、それも苦をなくさせたいのであり、安楽にさせたい慈悲である。けれども、それは子供を害するかも知れないのであります。実はそうさすことが真の幸せをもたらすことであり、真のえらいものになり、間違いのなきようにならしめたいのであり、そのただ一つの目的としては本当の幸福者にならせてやりたいのが世の親の心であります。それを母親はともすると愛に惑溺して少しでも苦しいことがないようにしたり、ちょっとでも楽なことをさせたいと思い易いのであります。それは本当に子供を幸せにする道ではなくて、かえって往々にして、可愛い我子を不幸にしてしまうのであります。しかるに真の愛というものは苦しいこともあるかも知れない。言うことを聞いてやらぬこともあるかも知れないが、本当の立身出世といいますか、幸福というものに到達せしめたいということが如来の願いなんであります。仏はいやしくも苦しむものは皆救いたいのだけれども、それは目前のことのみでなく、大涅槃を得るという、至上真実の幸福に達せしめたいということがそこにあるのであります。それは忘れてはならない大事なことであります。

信心のひとは、正定聚にいたりて、かならず滅度にいたるとちかひたまへるなり。これを致とすといふ。むねとすとまふすは、涅槃のさとりをひらくをむねとすとなり。（六三九）

という御文があります。さらに前にあげた「凡夫といふは」という御文の後に次のような御文があるのです。

これを致《ち》使《し》凡夫《ぼんぶ》念《ねん》即生《そくしょう》とまふすなり。二河《が》のたとえに、一分二分ゆくといふは、一年二年すぎゆくにたとえたるなり。（六四〇）

と申されて、そののちに、

諸仏出世《しゅつせ》の直説《じきせつ》、如来成道《じょうどう》の素懐《そかい》は、凡夫は弥陀の本願を念ぜしめて、即生するをむねとすべしとなり。（六四〇）

とあります。親鸞聖人が言いたいのはそういうことなんです。念ずれば即ち生ずる。釈尊でも諸仏でも念即生せしめるということを悲願としておられる。弥陀の本願を信ぜしめたいというほかはないのであって、それが仏心というものだ、念は如来の誓いを信ずることなり。即生というたら、死んでから極楽に往生することのようにも聞いておったが、そうではなくして、現生正定聚の位にさだまることを即生という。これは生とあるのを未来往生という意味にとるなということであります。

これが助かるということでもあり、先の言葉では即得往生ということであり、念即生、念ずることによって生まるるということであるという。要は、救いは現在のことであるということを示されたのがこの御文であります。この致使凡夫念即生というところの生と若不生者の生という字の意味をそういうように現わされたのであると思うのであります。諸仏出世の直説、釈尊及び諸仏が世に出られた口からの直接の御説法が直説である。それはどういうことか、如来成道の素懐は、凡夫は凡夫なれどもわれわれ凡夫に弥陀の本願を念ぜしめて即生せしむることをむねとしておられるのだということです。釈尊のおこころは、阿弥陀如来の教法を示されたのですけれども、凡夫たるものに弥陀の本願を念ぜしめて、そうして即生せしめたい、こういうことにほかならんのであるということです。このお言葉をもって、若不生者不取正覚というおこころがはっきりさせられるのであります。

もう一つ私がわからしてもらったことは、晩年に作られました『浄土文類聚鈔』という著述がありますが、『教行信証』の精髄を簡単にせられた薄いものであります。それだから『教行信証』を広本といい、『浄土文類聚鈔』を略本といいます。その中に、

凡夫の即生《そくしょう》をしめすを大悲の宗致《しゅうち》とすとなり。(四七二)

とあります。大悲の宗致となすという言葉があるのです。宗は要なり、要は腰なり、腰というものは全身の中枢であり重要なところです。私は若い時には随分荒っぽいことをして、走ったりベースボールや柔道や撃剣をやりまして、腰みたいなものは何とも思っておらなんだものでありますが、

年が寄ってから、ある時、腰部の神経を損じたことがありまして、その上に養生する暇がなく、ついに足も腰も立たぬようになったことが二回ほどあります。それで初めて腰というものは大事なものだなということを知りました。昔の人が宗は腰なり、要は腰なりといったということは、腰のように大事だということです。

『浄土文類聚鈔』の一番結文のところへ持って来まして、

まことにしんぬ。大聖世尊《だいしょうせそん》、世に出興《しゅっこう》したまふ大事《だいじ》の因縁《いんえん》、悲願の真利《しんり》を顕《あら》はして如来の直説《じきせつ》としたまへり。（四七二）

大聖世尊は釈尊のことです。大事の因縁は、この世へお出ましなされた大事の要ということです。阿弥陀如来の十七の本願を悲願とおっしゃいますが、十八も悲願でしょうが法の方から言えば大悲願は第十七願であります。真利は真実の利、真実の幸せということをあらわして如来の直説としたまえり。自ら自分の言葉としてお述べになっておるけれども、実は阿弥陀如来の大悲の願心、真実の幸せを与えて下さるということを知らせたいということにほかならぬということです。その次に、

凡夫の即生をしめすを大悲の宗致《しゅうち》とすとなり。（四七二）

この言葉があるのです。

聖人が『浄土文類聚鈔』をお書きになり、『教行信証』をお書きになったということはどんなことだというと、釈尊のこの世に出られて本当の幸せということを知らそうとしてお説き下されたのであるが、それは凡夫の即生ということを示して下さって、凡夫の即生ということは、死んでから

でないということがわかるのであります。

われわれは死んでから極楽にまいって結構な身になるときくと、こういうことにあこがれる。それもそのことを持たぬよりは有難い。そういう夢を持つということも結構なことであります。けれども釈尊出世の本懐は、阿弥陀如来の思召しである真実の幸せというものを持たせたいというにほかならぬのですが、それは何だ、といえば凡夫念じて信ずるということのみにおいて、その時を去らずして現在において即生するということ、正定聚の身の上になるということ、摂取不捨の身の上になるということであります。

これによりて、諸仏の教意《きょうい》をうかがふに、三世《ぜ》の諸如来出世のまさしき本意、ただ阿弥陀不可思議の願をとかんとなり。(四七二)

阿弥陀如来の不可思議の願を説いて、本願をお説きになった要は、凡夫なれど念ずれば即生するということにならしめたいということにほかならないのである。すなわち今助からぬけれども死んでから極楽に往生するのだというようなことを思うなということであって、凡夫なれども念ずれば即生するぞということが本願である。それが第十八の本願の精神であるということを知らせたいということが釈尊の出世の本懐である。それが願成就の文ともなったのであって、凡夫念じて即生するという『文類聚鈔』のお示しが「若し生まれずば正覚を取らじ」とおっしゃるおこころである、とおよろこびになったのでありましょう。

親鸞聖人が、願成就の文を通して、願成就の文をよくよく味おうて行かれるところに、本願はああそういうことでありましたのかとわかったのが、「願生彼国、即得往生、住不退転」というお言葉であります。一言にして言えば「凡夫即生」ということが親鸞聖人の御教えであります。それが釈尊の出世本懐であり、阿弥陀如来の宗致というものであり、また本願であったということを宗祖は知らして下さったのであります。

抑止の文

四十八願の話もだんだん進みまして、第十八願まで来て、その願文で言えば「不取正覚」までお話をしたのであります。そこで最後の、

ただし五逆《ごぎゃく》と誹謗正法《ひほうしょうぼう》とをばのぞく。（一八）

というこの部分が残っておるのであります。それは「唯五逆と正法を誹謗するものを除く」という意味であります。聖人は『尊号真像銘文』に、

唯除五逆誹謗正法《ゆいじょごぎゃくひほうしょうぼう》といふは、唯除《ゆいじょ》といふは、ただのぞくといふことば也。五逆《ぎゃく》のつみびとをきらい、誹謗《ひほう》のおもきとがをしらせむと也。このふたつのつみのおもきことをしめして、十方一切《いっさい》の衆生、みなもれず往生すべしとしらせむとなり。（五九三）

こういう御文を残しておって下さるので、その意味はもうそれだけで十分なんでありますが、もう少しわかりよく味わってお話をいたそうと思うのであります。

まず五逆ということでありますが、五逆十悪ということを以前から聞かされまして、『御文』の

中なんかにしげくそれを繰返して仰せられております。「信の巻」の一番おしまいのところに、聖人は五逆の説明を、経典を引いて詳しく知らして下さっておりまして、その中に四種ほど挙げておられます。

第一は、淄洲の住人濮陽大師智周という方の『最勝王経』というお経の註釈に申されておることであって、

淄洲《ししゅう》によるに、五逆《ぎゃく》にふたつあり。ひとつには三乗《じょう》の五逆《ぎゃく》なり。いはく、一には、ことさらにおもふて父をころす。二つには、ことさらにおもふて母を殺す。三には、ことさらにおもふて羅漢《らかん》を殺す。四には、倒見《とうけん》して和合僧《わごうそう》を破《は》す。五には、悪心《あくしん》をもて仏身《ぶっしん》より血《ち》をいだす。恩田《おんでん》にそむき福田《ふくでん》に違《い》するをもてのゆへに、これをなづけて逆《ぎゃく》とす。この逆を執するものは、身やぶれいのちをへて、必定《ひつじょう》して無間《むけん》地獄《じごく》に堕して一大劫《こう》のなかに無間《むけん》の苦を受けけん。無間業《むけんごう》となづく。（二八四）

とこういうのを三乗の五逆と申されております。三乗の五逆というのは、普通の言葉で言えば、一般に言う五逆ということであります。

もう一度これを詳しく註釈しますと、ことさらに思うて殺すというのは故殺犯でありまして、殺そうと思って父母を殺すのであります。三には羅漢を殺す、羅漢というのは、仏道を修行して、ある悟りにいたった聖者のことをいうのである。四には倒見して和合僧を破すというのは、仏のお弟子として道を求めて熱心に、三人、五人、十人と教団で心をあわして仲良くして道を修して行く、

そういう人の結合を強めて行くというのが当り前であるのに、それを反対に怪しからんことと思い、怨んだり生意気なとかいうことで、そういう和合僧を破る。日本の例で言うならば、比叡山と奈良とが喧嘩しておったというようなことで、人が集まって仲良く真面目に道を求めておると、それが憎くなって、それを破壊してやるといったようなことを企てる、これが五逆の一つである。五には悪心をもって仏身より血を出す。丁度、自分が名利を得たいために釈尊を殺そうとした提婆達多のようなものであります。そういう考えの者は恩田にそむくのです。両親などは自分たちに対して恵み与えてくれる田のようなものであり、また、いろいろ結構なものが生じて来る田地である。その田地を敬い大事にするということとは反対にそむくから逆であります。福田に違すというのは、道を求めてある程度まで進んだ羅漢へ、あるいはそこへ行こうとして和合しておる求道団体を破り、進んではその根本の教えを説いた仏を害することであります。それを敬うということが自分の幸せになるのに、その福田となるものに相違して、それを害しようというのでありますから、これを逆というのです。そういう父母なり羅漢なり和合僧なりというものに反逆をして行くようなことを好み、またそむくというようなものは、その罰則として自分の身は死んでしまわねばならないことになり、命終わって後にはまた無間地獄に堕する結果になり、一大劫という長い間、絶え間なく苦しまなければならぬことになるから、そういう五逆を無間業というのである。こういう五逆というのは一般的なことであります。これはつまり、私どもの自性でありまして、蓮如上人が五逆十悪の罪人、五障三従の女人と繰り返されたのは、余所にそういうものがあるというだけでなしに、これは自分達のすがたを知らそうとしてこう言っておられるのであります。自分はそう悪いことをしておらぬように思うけれども、実は殺したりそむいたりすることをやっておる。そういう我が身であるということを知れということであって、五逆十悪の罪人といわれたのであります。

中略いたしまして、次に大乗の五逆を出されました。

ふたつには、大乗《だいじょう》の五逆《ごぎゃく》なり。薩遮尼乾子経《さっしゃにけんしきょう》にとくがごとし。一には塔を破壊《はえ》し、経蔵《きょうぞう》を焚焼《ぼんしょう》する、をよび三宝《さんぼう》の財物を盗用する。二つには三乗の法をそしりて、聖教《しょうぎょう》にあらずといふて障破留難《しょうはるなん》し隠蔽覆蔵《おんぺいふくぞう》する。三には一切出家の人、もしは戒《かい》・無戒《むかい》・破戒《はかい》のものを打罵《ちょうめ》し、呵責《かしゃく》して、とがをとき、禁閉《きんぺい》し、還俗《げんぞく》せしめ、駈使債調《くしさいちょう》し、断命《だんみょう》せしむる。四には父を殺し、母を害し、仏身《ぶっしん》より血をいだし、和合僧《わごうそう》を破《は》し、殺阿羅漢《あらかん》なり。五には、謗《ほう》じて因果《いんが》なく、長夜《ちょうや》につねに十不善業《ふぜんごう》を行ずるなり。(二八四)

と、これは前の一般的な五逆罪をもっと詳しく現わされたものであって、大乗の五逆であります。こう言われると、この中に私どもはみな入らざるを得ないのです。五逆の罪人というのは他人のことかと思っておったら自分だったということになってきます。一には塔を破壊し、ですから仏法僧の三宝に反対して破壊するということであります。それから大事なお経がはいっておる御経蔵を焼いてしまう。それから仏法僧の三宝に関する財物を盗んで使う。知らず知らずの間に、三宝の財物を盗用しておるのです。第二番目には、三乗の法を謗るというのだから、謗法罪であります。仏法を謗ってそんなものは大事な教えじゃないといって、障破は邪魔にして説き破り、留難はそれを宣伝するようにさせない。そうして経典を隠して教えが発達しないように、弘まらないようにする。日本では、明治時代の排仏毀釈のようなものがこの中にはいるわけです。それから三つには、一切出家の人、専門的に道を求めておる人でありますが、その中には戒律を持つ本当の出家の人もあるし、又戒律を持たない人もあるだろう。又、中途でその戒律を破る人もあるでしょうが、いやしくも求道の人を、罵ってなぐる、呵責はどなりつけて、お前らそんなことをしておるのは誤りである、という。日本では明治時代にそういうようなことが多くありましたが、過ちを説き、禁閉は牢へ入れたり、還俗させてしもうたり、そうしてそれを自分が使いたおす。小僧という名称はそれから出て来たのであります。そうして少し借金でもあったりすると、それをきびしく取立てるということで、終いにはけしからんと断命せしめる。かようなことが五逆の一つである。第四には、先の三乗の五逆を挙げてあります。五には、謗じて因果なく、善いことをしたら善いことがあり、悪いことをしたら悪いことがあるという、因果の法なんかあるものかと、そういう因果撥無の邪見を持っておる。これも多少ともそういう考えを起こさない人はないのでありまして、因果を無視して長夜というのは、いつまでもいつまでも、長い間ということで、仏様を知れば明るくなるのに、仏様を知らずに断えず十不善業を行じておる。身には殺生、偷盗、邪淫。口には妄語、綺語、悪口、両舌。意には貪欲、瞋恚、愚痴。十不善業というものをいつまでもやって、平気で暮しておるものが第五の逆というものである。このように厳格に数えられると、この中にはいっておらぬものはないのです。すべて恩田にそむき福田に違するようなことばかりして、この世においては知らず識らずに五逆を行なって、そしてどうも思うようにならないと言うて悩みつつ、死しては無間地獄に堕ちて、ますます苦を深めて行くことになるのであります。

それで三乗と大乗と二通りあるけれども、要するに五つの逆というものであるというのでありますが、ことに大乗の五逆というものを示したいのであります。真宗でいう五逆十悪ということは人のことではない、みんな自分のことであるということを示してあるのであります。

次に「正法を誹謗する」ということ、正法は仏法であります。「行の巻」には、法照禅師の偈文を引かれまして、正法といったらどんなものかということを詳しく挙げてありますが、正法は仏法ということでありまして、戒律を持ったり禅定を修して行く、それが正法というものである。ちょっと読んで見ますと、

正法《しょうぼう》よく世間を超出《ちょうしゅつ》す。持戒坐禅《じかいざぜん》を正法となづく。念仏成仏《ねんぶつじょうぶつ》はこれ真宗《しんしゅう》なり。仏言《ぶつごん》をとらざるをば外道《げどう》となづく。因果《いんが》を撥無《はつむ》する見《けん》を空《くう》とす。正法《しょうぼう》よく世間を超出《ちょうしゅつ》す。禅律《ぜんりつ》いかんぞこれ正法ならん。念仏三昧《さんまい》これ真宗なり。（二六〇）

と、身を正しくして道を求めるということだけでは正法とはいえぬ。戒律坐禅は正法とはいえぬ、念仏成仏の法、これを正法という。即ち仏法には違いないけれども、本当に助かるという道が正法中の正法であるというので、念仏三昧は是れ真宗なりと示して下さっているのです。

ここに正法といわれておるのは、広い意味の仏法ということでありましょう。仏法を誇るということは、ここの大乗五逆の、第二、三乗の法を謗りて、聖教にあらずといいて、障破留難し、隠蔽

覆蔵するということであります。法を謗るということは非常に重い罪でありまして、正しく助かるべき法を謗るということは、自分が助からないのみならず、人の助かる道を塞ぎ邪魔するのですから、恩田にそむき福田に違するという意味になって、邪見ということになる。誹謗正法の罪は、五逆の罪よりもっと重いということを申されております。

「除く」ということは、心に逆罪を作っておるものと法を謗るようなものは助からぬということです。『銘文』には、

> 唯除《ゆいじょ》といふは、ただのぞくといふことば也。五逆のつみびとをきらい、誹謗《ひぼう》のおもきとがをしらせむと也。このふたつのつみのおもきことをしめして、十方一切の衆生《しゅじょう》、みなもれず往生すべしとしらせむとなり。(五九三)

如来の本願の思召しは、十方衆生を救おうということである。だからその中にもれるものはないはずです。しかるに唯除く、五逆罪の者と誹謗の者とが助かるということから除外される。これは皆さんどう思われるか知らんが、なぜこういうことが書いてあるのでしょう。

私は、あるキリスト教を信じておる人に会ったときに、その人が真宗のものを読むと、本願といわれ、本願中の本願が第十八願だというので読んで見ましたが、困ったことには、唯除五逆誹謗正法とある、これがどうにもわかりません。これはどういう意味でございましょう。十方衆生一人ももらさず救いたいという大慈大悲の本願ならば除くということはないはずである。それを除くということがおかしいと言われるのであります。

昔から今日までこれが問題になっておって、これは阿弥陀如来の本願ではないのではなかろうか。若し生まれずば正覚を取らじと書いて、次にこういう付録みたいなようなものがついておるが、これは誰か後人が付けたことではなかろうか。善導大師もこれを問題にしておられる。御開山様はそれをたった一言で、「五逆のつみびとをきらい、誹謗のおもきとがをしらせむと也」そうして、「このふたつのつみのおもきことをしめして、十方一切の衆生、みなもれず往生すべしとしらせむとなり」重い罪ということを知らしめて、助からぬ筈の十方衆生が皆助かるということを知らせるためであります。そう聞くと意味が深いのでありまして、十方衆生、十人は十人ながら百人は百人ながら、賢愚老少をえらばず、善悪をえらばず、皆往生すべしということを知らせんがためである。簡単でありますけれども有難い思召しであります。

これは「抑止の文」といいますが、抑はおさえ、止はとめるのでありますから、五逆罪ということは人のことではない、私のことである。こういうことが一つわからぬことには助からないのです。十方衆生、どんなものでも助かるのだから、どんな悪いことをしてもどんな罪を犯してもよい、と思うようなこういう邪見、間違った考えが起こって来るのでありまして、真宗の信者で喜んでおる人でも、真実に本願が信ぜられておる人は、はなはだ少なかろうと思います。仏は五逆罪ということを善いとしておられるのではなく、それはきらっておられるのであって、助からぬ無間業であるとせられるのです。死んでから無間業という位だから、生きておる間から碌なことは起こって来ぬわけであります。五逆のつみびとをきらい、好きじゃないのであります。しかるに、何ぼ幸福なものでも安楽なものでも、そういう五逆をしておる自分であります。それをきろうておられるのです。なおそれ以上に重い罪は、法を謗ること、謗法のおもきとがを知らせんとなり、非常に重いとがをもって助からない自分であるということを知ってこそ、十方衆生を救わんとの本願を信ずる心が起こるのであり、又助かるのであります。だからこの唯除五逆誹謗正法といわれたことは、いくら悪いことをしても助けて下さるのだというように思っては大変だから、それを防ぐためにお知らせ下さったのであります。昔から、これは阿弥陀如来の本願の中に入るだろうか、あるいは後からつけたものであろうか、といわれておるのですが、釈尊の仰せに、こういうものは助からぬぞと抑えて下されたればこそ、自分というものはそういう助からぬはずのものでありました、という助かるべき自分というものにめぐりあって助かるようになるのです。五逆誹謗の私であるということがはっきりわかったところにおいて、如来の十方衆生必ず助けんという広大な仰せがわかるのであって、即ち十方衆生に本願の心をはっきりさせたいがために、この抑止の文が第十八願の中から出ておるのであります。

覚如上人は「抑止は釈尊の方便なり」（『口伝鈔』・八四四）とおっしゃって抑止は阿弥陀如来がつけられたのではない。釈尊の御親切で、五逆でもよい、謗法でもよいのじゃというと、五逆をしたい放題に思うものがあっては助からないからして、そういうことは除くのじゃぞ、と知らされるところにおいて本当の自分というものを知ることができる。だから釈尊の親切な方便であります。本願は十方衆生助けるとおっしゃってもこっちが助からずにおっては、阿弥陀如来の御誓願も所詮がないこととなるゆえ、また釈迦如来が十方衆生を救いたいと仰せられるその思召しを伝えたいがために、唯除五逆誹謗正法とお示し下されたのであります。だから唯除くと仰せられたとき、そうですか、それでは仕様がございませんな、こういうようなことを思ってはならぬ。弥陀の本願を聞くというと、十方衆生という仰せに間違いがないのだから、自分というものが本当にわかり、五逆誹謗が私である、弥陀の本願には除かるべき筈の私である。それほど罪の深い私であるということを知らせんがために抑止の文を設けられたのであります。

だから真宗では何をしても助けて下さるからどうでもよいなどと申します。けれども、そうでなく、自分というものが知られてきますと、そういうことは言っておられません。『大経』の三毒段に出ておりますと貪欲、瞋恚、愚痴から出てくるいろいろな悪いこと、それを詳しく説かれた五悪段を見ると、現在は勿論、未来にもその報いを受けるような悪が説かれてありますが、そこに真宗の道徳というものを示して下さっておるのでありまして、それは、如来は悪いことが好きではないので、すこしでも善いことをやらしてやりたいというのが如来の本願でありますから、それを唯除五逆誹謗正法の八字によって知らしめられたのが、有難い釈尊の思召しであるということをはっきりするために、詳しくお話をさしていただいたわけであります。

第十八の本願の抑止の文のお話は、大略申したつもりでありますが、是非もう一つお話申上げたいことは、聖人が『教行信証』をお作りになりまして、大事な「信の巻」の末巻の半程から終いへ長々と『涅槃経』をお引きになりまして、そこに有名な難治の三病、難化の三機ということがあり

ます。ちょっと初めに二、三行読みますと、

それ仏、難治《なんじ》の機《き》をときて、涅槃経《ねはんぎょう》にのたまわく、迦葉《かしょう》、世に三人あり、そのやまひ治しがたし。ひとつには謗大乗《ぼうだいじょう》、ふたつには五逆罪、みつには一闡提《いっせんだい》なり。（二五〇）

一闡提というのは、善というものがちっともない。すこし位善いことをやっているだろうと思いますけれども、善導大師は「曾無一善」現在までを考えると一つの善いこともやったことがない、と言われます。

かくのごとき三病、世のなかに極重《ごくじゅう》なり。ことごとく声聞《しょうもん》・縁覚《えんがく》・菩薩《ぼさつ》のよく治するところにあらず。（二五〇）

それこそ文字通り唯除五逆誹謗正法であります。即ち難化の人であります。化とは物柄は同じであるけれどもそれが変わる。病人が治されて健康者になるというので、化というのは助かるという意味もあるし救われるという意味もあります。なかなか助かりにくい、救われ難い三種類の人ということであります。しかし阿弥陀仏だけはこの三種類の人々をも、その病気を治し、そうして助かるようにして下さることができるのである。どんな人が来てもその人を助けることはできぬが、唯一つ助かる正法は本願のみということを真に知らせたいということであります。

それからずっと終いまで、この『涅槃経』を主として引いておられますが、もっと大事なことでも、たとえば七高僧のお言葉など少ししか引いておられぬのに、この『涅槃経』の御文をなぜこんなに長くたくさん引かれたのだろうか。要するに、唯除五逆誹謗正法という八字のこころを知らせ

たいがためであります。釈尊の抑止の御文が即ち阿弥陀如来の思召しであるということを証明するために『涅槃経』をたくさん引かれました。

『観経』には韋提希夫人のお話が出てきておりますが、ここではその一子阿闍世王太子という人のお話が、ずっと出てきておるのであります。その五逆と謗法を除くということの適例は阿闍世王の話である。『涅槃経』の梵行品を引かれまして、

そのときに王舎大城《おうしやだいじよう》に阿闍世王《あじやせおう》あり、その性弊悪《しようへいあく》にしてよく殺戮《せつろく》を行ず。（二五〇）

そろそろ五逆罪をやり出しておる、その詳しいお話は出ておりませんが、王舎城の頻婆娑羅王が王様で、韋提希夫人が王妃であった。その間にたった一人、世継ぎとしてできたのが阿闍世王です。その阿闍世王太子という人はその性質が、非常に悪心が強くて、人を殺すということをやられた。十悪は無論、五逆もやった人であって、「除く」といわれたその意味の適切な標本であります。

くちに四悪、貪恚愚癡《とんいぐち》を具して、その心熾盛《しんしじよう》なり。（二五〇）

口に四悪、妄語―嘘をつく、綺語―上手に言う、両舌―二枚舌を使う、悪口―悪口を言う。こういう口の四悪は勿論のこと、心には貪欲・瞋恚・愚痴を具えて、十悪をやりたいだけやっておる。

極道息子だから親と喧嘩し、自分は此の世の五欲、名誉欲・財産欲・睡眠欲・飲食欲・色欲というものの楽しみに執着して、遂に心が狂うたようになって、その父頻婆娑羅王を罪がないのに、無道にも逆害を加え殺してしまう。のみならず、母は父の所へ食糧を運んだというので、腹を立ててばっさり殺そうと思ったが、耆婆大臣に叱られて、殺すことをやめて七重の室に閉じこめて殺そう

としておる。ところで私どもが父を殺し母を殺すまでに行かんでも、隠居して親父が早く死ねばよい、財産が俺のものになるから、などと思うのも五逆罪の一つであります。私どもは自分の考えを行ないたいために、邪魔になるものを殺してしまいたいという考えになりやすいものであります。

　ちちを害するによりて、おのれが心に悔熱《けねつ》を生ず。（二五〇）

以下は長いから、聖人は略しておられますが、やってしまってから心に大変後悔の思いが起こって、これがために身中に熱が起こって瘡が出来て、かゆいし痛いし非常に苦しむのであります。

　心悔熱《けねつ》するがゆへに、偏体《へんたい》にかさを生ず。そのかさ臭穢《しゅうえ》にして附近すべからず。（二五〇）

その瘡が臭くて近くに寄りつくこともできぬ。そこで非常に後悔して、わしは今、非常に激しい報いを受けて苦しんでおるが、この苦しみは今の苦しみのみならず、やがて死ぬだろうが、死んだら未来では地獄の苦しみを受けるに違いない。こういって泣いておるのでありますが、これは五逆の罪の重いということを立証しておるのでありまして、つまり阿闍世王は自分が報いの苦しみに遇うたがために、自分というものを知って泣かれたのであります。

　そのときにその母の韋提希后《いだいけこう》、種々のくすりをもて、ためにこれをぬる。（二五一）

これは『観経』で韋提希夫人が閉じこめられて、釈尊の御説法を聞いて、如来の本願に遇うて、信を起こして助けられたあとのことでありましょう。その後韋提希夫人は、『観経』下々品の、念仏すれば助かるという釈尊の仰せを聞いて、廓然として信心を発して助かったのであります。自分の心が助かっただけでなしに、阿闍世王の心も変化して牢から出されることになっておられたのでしょう。だから罰があたって阿闍世王が非常に煩悶して病悩しておるときには、自分の子のわきに行って薬を塗って介抱してやるほど親しくなっておられるのであります。種々の薬を塗っておやりになるけれども、

そのかさ、つゐに増すれども降損《こうそん》あることなし。（二五一）

その瘡がなおさらひどくなって苦しみの減ることがない。母に言うには、こういう病瘡は心から生じておるのです。悪いことをしたと思っておる。過去の自分というものを知れば知るほど、その後悔から生じたのであって、身だけが病気になったのじゃありませんから、これは治りません。こう言って母にもあやまりひとり苦しんでおる。これが五逆十悪の結果である。結果は結果で、これは本願に遇うまでは誰が来て何といっても助からなかったのであります。

当時、王舎城というのは盛んな国でありましたから、いろんな学派がありまして、これを六師外道といっております。その六派の学者の信仰者である大臣達が、自分の信じておる学説をもって、一人一人出て来ていろいろに王を慰めるのであります。けれども阿闍世はどうしてもそういう教えでは、信ずることもできず、助かることもできなかったのであります。信ずることも助かることもできなかったというのは、これがやはり阿闍世のえらかったところであります。一々話したいのですが、長くなりますから、一つだけ言いますと、日月称という大臣がやって来て、大王よ、どうもあなたは弱ってござるようなおすがたですが、あなたは身が苦しいからそんな弱った顔をしてござるのか、心が苦しいからそんな顔をしてござるのですか。と言ったところが、王は、身も心もとも

に痛まざるを得んや。それは、わしの父に罪がないのに、わしはそれを殺した。まことに済まぬことをした。わしはかつて智者にこういうことを聞いたことがある。それは、世に五人の者があって、地獄に堕ちることを免れぬ、即ちそれは五逆罪というものである。わしは今、無量無辺阿僧祇の罪を犯したから、地獄に堕ちることを免れぬ、どうして身も心も痛まざるを得んや。もし私のこの心と身を治してくれる医者があるならば結構であるけれども、それは恐らくなかろう。そうすると、その日月称という家来が言うのに、大王、そんな大袈裟に愁い苦しむことはいりません。昔から、諺にあるように、常に愁い常に苦しむと癖になり、遂には段々それがひどくなって行くのです。丁度人間が眠を好むと段々眠がしげくなるようなものである。これも本当です。又淫を貪り酒を嗜むものも亦復かくの如し、そういう歎きということをやればやるほど段々ひどくなるのであります。だからもう歎きなさらぬ方がよろしゅうございます。これは王に、どうか気を取り直してあまりそういうことを思わぬようにせられる方がよろしいということを教えるのであります。そもそも世の中に悪い行ない、善い行ないなどというものはないのであります。と、こういうことを言って慰めようとするのですけれども、そんなこと位で阿闍世王の胸の悩みというものはとけなかった。その慰め方がその学派学派の教えであります。その教えというものがちょうど今世間の人が言ったり、われわれが何にも仏法を知らずに言っておるのと同じようなことであります。要するに因果というものを無視して、善悪というようなものを考えない。この六つの思想というものがいろいろさまざまにわかれて、仏教以外のあらゆる思想になっているのだと申されておりますが、如何にもそうですね。これは三千年前の昔話ですが、人間というものは、昔から今に至るまで、死んでは生まれ、生まれては死にしておりますが、あまり大した違いがなく、同じようなことを思ったり言ったりしておるものであります。要は、自分の悪いことをした、五逆罪というようなことを思わず、どんなことをしても構わないと、こういうような思想に帰するのであります。

これは『教行信証』を一ぺんお読みになると、小説のようなものですから、よくわかると思います。しまいに阿闍世は釈尊のもとへ行って釈尊の仰せを聞くのであります。そのときに釈尊が、友達というものは大事だ。阿闍世は死んだら地獄に堕ちて永久に苦しまねばならぬのに、幸いに耆婆という善い友達を持っておったがために助かったと言われています。釈尊がおかくれになるときに脈を取っておるのも耆婆ですが、この人は阿闍世王の腹違いの弟でありますから、大臣となっておりますけれども、そういう一族の人でありますから、母親を殺そうとしたときにもそれをとめたのは耆婆であります。腹立ちまぎれに阿闍世が母親を殺してしまおうとしたら、母親を殺すということは昔からないことである。もしそういうことをするならばそのままにおかんぞ、と言って刀をぬかんばかりにして詰め寄ったから、自分もやはり命が惜しい、うっかりするとばっさりやられるから、漸く渋々母を殺すことをやめられたのです。そういう関係のある耆婆であります。

六人の家来が来て、いろいろ自分の師匠の思想を述べますけれども、阿闍世はそれに耳を傾けない。そんなことでは自分に得心が行かないほど目が覚めておったのです。一番終いに耆婆が面会して、あなたは余程苦しそうですが、一体、身が苦しいのですか、心が苦しいのですか。とたずねると、阿闍世は心も身も苦しい、これは私の罰だから誰も治してくれるものはないのだ。そして死んでも地獄に堕ちるだろう。と現在の苦しみと未来に対する悩みと二重の苦悩に悩んでいるのです。それを助けたのも耆婆でありまして、あなたは助からぬとおっしゃるけれどもきっと助かります。同じことを言うのですけれどもほかの大臣と違って言い方が面白いと思うのです。死んでから地獄へ堕ちるとか、死んでから罰が来るとか、そんなことはありませぬ、と言って皆が慰めようとするのですが、耆婆は違う。大王、一つの逆罪を造れば一つの果報を受け、二つの逆罪を造れば二倍の果報を受ける。「五逆ともならば、罪亦五倍ならん」これはまた本当のことですな。父を殺したし、母も心では殺したし、又殺さんとして幽閉したし、そのほかの人をたくさん殺しておるだろう。まあお経は簡単でありますけれども、提婆達多と相談して、自分は父を殺し提婆達多は釈尊を殺して、そうして法王と国王とが一つになって自由にやろうという画策をしたのでありますから、釈尊なり釈尊のお弟子というものも心で殺しておりますから、五逆罪具わっておるのです。「いまさだめてしんぬ、王の悪業かならずまぬがるることをえじ」（二五九）悪いことをすれば免れることはできぬものである。ほかの思想の人は、罪報などはないことだから頓着するな。善も悪もないというわけでありますけれども、耆婆の言は「ややねがはくは、大王、すみやかに仏のみもとにまうづべし。仏世尊をのぞきて余は、よくたすくることなけん」（二五九）仏世尊のほかに助けて下さる方はありませぬといったのです。そうすると、阿闍世王は非常に怖れをなして、芭蕉の葉が風にあってバラバラになったように力なく、しかも身ぶるいをしておそれたのです。「あおいでこたへていはく、天これたれとかせん。色像を現ぜずして、ただこゑのみあることは」(二五九)釈尊のところへ行け、それよりほかに助かる道はないぞ、と言ったのは誰だろうと怪しんだのです。「大王、われこれなんじが父、頻婆沙羅なり」(二五九)父は釈尊の教えを聞いて一分の悟りを開いた人ですが、自分は殺されながらもやはり可愛いのは自分の子でありまして、子供が六師外道の言葉を聞くか、耆婆の言葉を聞いて釈尊のもとへ行って法を聞いて助かるようになるかということの心配から、形はないが言葉となって現われたのだと思われます。そういうことが本当にあったかなかったか知らんが「なんぢ、いままさに耆婆の所説にしたがふべし。邪見六臣のことばにしたがふことなかれ」(二五九)そういう言葉が聞こえたのです。それから釈尊の所へ行って法を聞くのであります。これは『涅槃経』でありますから、大涅槃に達するという教えを聞いたのでしょう。が、親鸞聖人は、阿闍世王が釈尊のみもとにまいって、五逆十悪の者も謗法の罪の者も助かるという如来の本願に接したものであると見ておられたから、こういうお話を出されたのであります。五逆罪を犯し、又謗法罪を犯しておって、誰が助けようといっても助かるわけのないこの阿闍世が、遂に助かった。そしてしまいには非常に喜ばれて、耆婆に「耆婆、われ、いま、いまだ死せずしてすでに天の身をえたり」(二六九)天身は天上の身というのでしょうが、今までにないすぐれた喜びの身となったということです。釈尊のお蔭で身の病気が楽になりました。月愛三昧といいますが、釈尊のもとへ行けば助かるということを思っただけで余程楽になったのでしょう。そうして法を聞いて心が助かったものですから、今までにかつて知らぬ安楽な身になったからしてこれを天の身といわれたのでしょう。「短命を捨てて長命をえ」（二六九）阿闍世はそのときにまだ二十代でしょうから、短命を捨てて永遠の生命にはいった。親鸞聖人が信心は長生不死の神方なり、といわれたようなことを思い出します。「信の巻」の初めに信心の利益を十二あげておられます一番初めに、「長生不死の神方」（一九七）とあります。「無常の身をすてて、常身をえたり」（二六九）無常なる我身と思っておって、死んだら地獄に堕ちるということを思っておったが、もう死なない常住の身になったといって大変に喜んで語っておられるのです。

五逆は阿闍世であります。謗法も阿闍世でありまして医者が来ても助からぬ。どんな師匠が来ても助からぬ。永久に助からぬ阿闍世が、釈尊によって阿弥陀如来の本願を聞かされたればこそ、本願が私のものになって、喚ぶ者と喚ばれるものが一つになって助かったのであります。「唯除」というは本願の外へほうり出したということでなしに、どうしても助かりようのない罪の深いことを自覚せしめんがためであるということは、阿闍世を見ればわかるのであります。

その次は提婆でありますが、提婆達多のことは書いてありませんけれども提婆達多が釈尊を非常に苦しめたものですから、提婆と阿闍世の関係に付け加えて、阿闍世というものの五逆であり謗法であった有様を遂一に示されておるのが『涅槃経』であります。だからこの『涅槃経』に阿闍世の一代記というものを示して「唯除五逆誹謗正法」と釈尊が言われた思召しを示されたのです。それは捨てられたのでなくして、たすからぬ筈の者がたすけられる本願ということを示したいがためであるということ、あるいは、十方衆生の一人として助けたいがためであるということをはっきりと知らせたいということで、『涅槃経』を長々と引かれたのであります。

「信の巻」の終わりの方には、

ここをもて、いま大聖《だいしょう》の真説《しんせつ》によるに、難化《なんけ》の三機、難治《なんじ》の三病は、大悲《だいひ》の弘誓《ぐぜい》をたのみ、利他の信海に帰すれば、これを矜哀《こうあい》して治《じ》す。これを憐愍《れんみん》して療《りょう》したまふ。たとへば、醍醐《だいご》の妙《みょう》薬《やく》の一切のやまひを療《りょう》するがごとし。濁世《じょくせ》の庶類《しょるい》、穢悪《えあく》の群生《ぐんじょう》、金剛不壊《こんごうふえ》の真心《しんしん》を求念《ぐねん》すべし。本願醍醐《だいご》の妙薬を執持《しゅうじ》すべきなり。(二七七)

とあって、第十八願の信という心さえ起こるならば、十方衆生皆助かるぞ、南無阿弥陀仏、南無阿弥陀仏と醍醐の妙薬を常に持って失わぬようにせよということであります。そうしてとうとい念仏の衆生となれよ、こういうことをお知らせ下さったのです。これが「信の巻」の終わりということになっておるのです。

第十九願　修《しゅ》諸《しょ》功《く》徳《どく》の願《がん》

たとひ、われ仏をえたらんに、十方の衆生、菩提心《ぼだいしん》をおこし、もろもろの功徳《くどく》を修して、至心発願《ししんほつがん》して、わがくにに生ぜんと欲せん、臨寿終時《りんじゅじゅうじ》に、たとひ、大衆と囲繞《いにょう》して、そのひとのまへに現ぜずば、正覚をとらじ。(一八)

聖人は、第十九願を修諸功徳の願と言っておられます。そのほかたくさん願名を挙げて、至心発願の願とも、臨終現前の願とも、来迎引接の願とも、現前導生の願ともいっておられます。その成就の文が非常に長いのでありますが、下巻のはじめの、十八願の願成就の願文の次に、仏、阿難《あなん》につげたまはく、「十方世界の諸天人民《しょてんにんみん》、それ心をいたしてかのくにに生《しょう》ぜんと願ずることとあらん。おほよそ三輩《さんぱい》あり。その上輩《じょうはい》といふは捨家棄欲《しゃけきよく》して沙門《しゃもん》となり、菩提《ぼだい》心をおこして一向にもはら無量寿仏《むりょうじゅぶつ》を念じ、もろもろの功徳《くどく》を修してかのくにに生ぜんと願ず。これらの衆生、臨寿終時《りんじゅじゅうじ》に、無量寿仏、もろもろの大衆《だいしゅ》とそのひとのまへに現ず。すなはちちかの仏にしたがひてそのくにに往生す。すなはち七宝華中《しっぽうけちゅう》より自然に化生《けしょう》して不退転《ふたいてん》に住す。智慧勇猛《ちえゆうみょう》、神通自在《じんづうじざい》なり。このゆへに、阿難《あなん》、それ衆生《しゅじょう》ありて今世にをいて無量寿仏をみたてまつらんとおもはば、無上菩提《ぼだい》の心をおこし功徳《くどく》を修行《しゅぎょう》してかのくにに生ぜんと願ずべし。(四〇)

という言葉があります。

この願の御文の意味は、私が仏になった暁には、十方世界のあらゆる衆生、菩提心を起こし、諸の功徳を修するとある。菩提心とは、上求菩提、下化衆生といいまして、仏教では、道を求めるということは、本当に幸せになりたいということでありますが、自利と利他、自分が幸せになりたいということと、他の者が悩んでおるのを助けたいという、此の二つの願いを持つということが本当に自分を幸せにするということでありまして、それが菩提心という仏たらんとする心です。

普通我々は貪欲の衆生であって、常識では自分の苦しみだけがなくなったら、安楽・幸福であるというので、自分のことばかり考えますけれども、それでは本当の幸せにはならないのです。毎度話しますから御存じかもしれませんけれども、菩提心を起こすということは、キリスト教や、他の宗教でもいっておるかもしれませんが、それを殊に大切に申されるのが仏教でありまして、自分が助かるということだけでは助からないのであって、他の者も助かるということでなければ、本当の自分の幸福にならないというので、本当に助かるとか、幸せになるということは、まず菩提心を起こすということなんであります。菩提心といえば、今言った上求菩提、下化衆生ということで、上に菩提を求め、下に衆生を化すということであります。これは自分を幸せにし、他の者を幸せにするというので、自利と利他、此の二つの願いを果たすということであります。これは仏教徒として、はじめから、しまいまで忘れてはならんことであります。自分が本当に助かる為に、仏の教えを聞くということは、菩提心を起こして、その菩提心を成就するということであります。だからここにもまず菩提心を起こして、とありまして、その目的は、自利と利他との願いを持って、此の願いを果たすということであります。くどいようですけれども、私共は、はじめは自分の幸せだけがあればよい、こう思っておりますが、自分の子が悩んでいるとやはり自分の胸が痛い、だからして自分の胸が本当に助かるということは、他の者も助かるということでなければ、本当に助かったとはいえないのです。しかしまた、他の者ばかり助けるということができても、自分が悩み苦しんでおっては、一向幸福ではないのです。だからどうしても完全に自分が助かるということは、自利と、利他ということを成就するということでなければならんのです。これを成就したいと思うということが、菩提心を起こすということなんであります。非常に貴いことでありまして、こういうことを重大問題として知らして下さったのは、仏教だけではないかと思うのであります。こういう二つの意味があるから、それを一言で表わしたいということで、菩提心という梵語をそのまま使われたのであります。

次に諸々の功徳を修するということであります。諸々の功徳というのは、自分の幸せということであります。諸々の功徳を修めるというのは、広くいえば、一切の善、諸善万行と言います。又、六度万行とも言います。六度は、六波羅蜜というので、布施・持戒・忍辱・精進・禅定・智慧という、これを六度の行と言います。即ち、いろいろの善を行なって、善は功徳となるのですから、広くいえば、仏法の上でいう六度の行を行なってゆくのであります。だからこれを諸行と言います。諸行は善行ということで、いろいろの善いことです。だから菩提心を起こして、諸々の功徳となる善行というものを修めてゆく者も助かるということであります。その人が心を真実にし、願を起こして、我国に生まれんと欲わんに、その人のした善いことによって、どうか助かりたいという願いを起こして我が国、即ち阿弥陀仏の浄土に生まれたいと思うような者は、その人の命が将に終わらんとする臨終に及んで、大衆即ち二十五菩薩といいますか、たくさんの方々と共に、その死なんとする人を取り囲んで、その人の前に現われてやろうということです。これは来たりて迎えて下さるというので、来迎引接という。手を引いて連れて行くように、来たり迎えて下さることです。そうならずんば正覚を取らじということで、是非その人の前に現われてやろうということなんであります。だから一名、来迎引接の願と名づけられるのであります。

そこにいろいろ問題がありまして、仮令という字がここに放りこんである。たくさんの菩薩方と阿弥陀如来とが、一緒に迎えに来て下さって、その人を取り囲んで、その人の前に現われて下さる。何の為に現われるかというたら、迎えに来て、手を引いて如来の浄土に連れて行って下さるということであります。ところが仮令という言葉がある。仮令ということは、ひょっとしたら、ということであって、必ずということではないということを現わす為の不実の言葉でありまして、ひょっとしたら、来迎引接しようという願であります。今そういうことを願っている方は、まあ皆さんの中にはないかもしれん。けれども昔はあったのであるし、今でもたくさんの人の中には、念仏を申して来迎にあずかりたいと思ったり、いいことをして迎えて戴きたいとか、そういうことを念願している方も随分あるかもしれないと思います。

まず『末燈鈔』という御書物の一番初めには、有念・無念の事、という一条がありまして、「来迎は諸行往生にあり」（六八九）御開山聖人の時代には、非常に来迎を願う思想が盛んであって、浄土念仏門の人は、特に盛んであったから、そういうことを述べられたのであります。源信和尚の作で、有名な国宝になっている、来迎仏もありますし、法然様がおかくれになったら、来迎仏が現われたというような話もあったりして、念仏すれば来迎にあずかるということが大変なつかしかったのであります。それに対する、親鸞聖人の信仰は、「来迎は諸行往生にあり。自力の行者なるがゆへに」（六八九）来迎を頼むとか、待つとかいうことは、わしはしないということであります。諸行往生の人だから、来迎ということを大切に願っておるのであります。親鸞聖人は、わしは願わぬ、ということであります。「臨終といふことは、諸行往生のひとにいふべし」命が将に終わらんとする時に臨んで、とありますが、それは諸行往生しようと思っている人に言うことである。「いまだ真実の信心をえざるがゆへなり」（六九〇）こういうきっぱりした親鸞聖人の御信心であります。

「また、十悪五逆の罪人のはじめて善知識にあふて、すすめらるるときにいふことなり。真実信心の行人は、摂取不捨のゆへに正定聚のくらゐに住す。このゆへに臨終まつことなし、来迎たのむことなし。信心のさだまるとき往生またさだまるなり」（六九〇）これは大事な教えでありまして、親鸞聖人の信心であります。だから第十八の願は真実の願、第十九、二十の願は方便の願、これも親鸞聖人の独創でありまして、こういうことをきめて下さったことは有難いことで、これをきめて下さらなければ、非常に惑うのです。第十八願にも心を至して念仏すれば助かると書いてある。第十九願にも、至心に発願すれば迎えに来て我が国に生まれさす、と書いてある。第二十の願にも至心に廻向して念仏して、諸の徳本を植えれば、必ず往生を果たし遂げさすと書いてある。みんなどれでも助かるように書いてあるのが、この三願であります。それならどれでも助かるということのようにみえます。又同じ浄土門でも、真実以外の念仏門では、真実も方便もなくて、念仏を申しても助かる、それから追善供養とか、いろいろの善いことをしても往生させて貰える。こういうように、念仏往生と、諸行往生と二つとも往生が出来ると、こういって教えておられるようである。しかし親鸞聖人はそれではどうしても得心がゆかず、又願成就の御文なんかから、じっと伺ってみるというと、念仏も、諸行も、往生するという意味ではなく、そういうことなら、一つの願にしてしまわれてもよいのだ。それを三つの願にしておられるところに意味があるのだとこういう見方でありまして、如何にもそうであります。

いいことをしておれば助かる、こう思っていることはよさそうであるけれども、いいことをどれだけしたらいいかということに、きまりがありませんから、願に書いてあっても、自分としてはいつまでも不確定であります。これでもよいか、あれでもよいかと、そこに本当に助かったという自覚がないものであるから、それで助かるということを将来に望まねばならぬようになるのであるから、現在は不安・不確定であります。だからいよいよ死ぬという命終わらんとする真剣な場合になるというと、不安で困るということとなって、自分が不安だから、お迎えに来てほしいという心を起こす。或いは死にぎわの苦しみによって動乱を起こすかもしれないのであって、何か悪魔の魅入りによって、自分が不安になったら、正しく安心して死んでゆくことができないかもしれない。だから来迎を願い、迎えに来て下さるということによって、仏様の御徳によって、自分の動乱し、惑乱し、顚倒するような心が起こらず正念に住するようになりたいと思って、たとえ病気が苦しくとも、事情がどうあろうとも、自分の心は正気であって、往生することができるという教えであるから、来迎を頼み、臨終が非常に重大問題になるのです。それでも来迎によって、臨終正念を得て、安心して死んでゆきたいと、こういうように願うものは、真実信心という本当に助かったものがない。つまり救いを将来に求めている故に、平生も不安だけれども、臨終の時に、非常に不安に陥るのであります。だから来迎ということは、諸行によって往生しようと思う人には、非常に重大問題となるのである。それは何故かというと、自力の行者なるが故に、自分がいいことをして、そのいいことをしたことによって助かろうと思っている。その為に、その自力というものは不確定でありますから、遂には不安といい、不確実ということになるから、臨終というものに困って、来迎ということを願うようになる。だから臨終ということは、諸行往生の人にいうべし。言葉は簡単ですけれども、非常に意味の深い言葉であります。その人はまだ真実の信心を得ておらないから、来迎を願い、臨終を大切にするようになるのだ。自力心であるから平生に於て助かっておらないから不安になるのである。不安になるから来迎を願い、臨終正念を祈るということになるのである。けれどもそういうものは駄目だと言ってお棄てになるかというと、お棄てになるのじゃなくて、こういうことを知らせたいのが、十九の願であります。又二十の願のことは今申しませんけれども、これは自力念仏の人であるというのが、聖人の決定でありまして、これも方便の願であります。要するに、第十八の願は全くあなたの御力によってでなければ助からない十方衆生でありまして、全く他力救済の御本願によらなければならぬのであります。ところが第十八の本願を聞いても十方衆生、十九願でも、二十願でも十方衆生とありまして、気をつけて見ますと、十方衆生と呼びかけておられる願は、此の三願だけであります。これは、仏の十方衆生を救いたいということなのであります。全く他力によって助けんという御本願なればこそ、いいことをした者も、しない者も、悪いことをした者も、しない者も、一切衆生すべて助けたいということが如来の大慈悲であります。仏というのは、慈悲者であって苦悩する者を救わんとの出願であります。『正像末和讃』に聖人は、

如来の作願《さがん》をたづぬれば　苦悩の有情《うじょう》をすてずして

廻向《えこう》を首《しゅ》としたまひて　大悲心をば成就《じょうじゅ》せり。（五五八）

これはまあ、こう読んだだけでもわかるように、聖人は頭を下げて喜んでおられるらしいのです。なんべんも拝読していると、本当に有難い御和讃であります。如来様の本願をお立てなさったということを我々が考えると、苦悩の衆生を棄てずして、苦悩というのは、身の悩みを苦といい、心の苦しみを悩という。苦という字は身につく字であって、同じ苦しみではあるが、心の苦しみを悩というのです。だから身心の苦しみで、此の世の一生、いろいろの心配や苦しみがある。病気とか、境遇とかいう、身の苦しみも、精神上の苦しみもということであります。未来の問題といえば精神上のことであります。今生の生活上の問題は身の苦しみであります。

如来の作願をたずぬれば、苦悩の有情をすてずして、お前は悪いからしてその罰だ、此の人はよいことをしたから助けてやると、そういうことでなしに、よかれ、悪しかれ、苦しみ悩んでいる者であるならば、その苦しみ悩みを助けたいということが如来の御心であります。廻向を首としたまいて、大悲心をもって十方の悩める衆生を御覧になれば、それはよいことをせよと言われたらできる人もあるでしょうが、我々のような大多数の者は、よいことをせよと言われてもできないのです。するなと言われても、悪いことは好きでありましょう。だから悪人、凡夫をのがさずに、悪人正機とおっしゃる。それを土台として少々よい人も、悪い者も助けてやりたいということであれば、廻向を首として、あなたの御力のみでお助けにあずかるということよりほかに助かる方法はないのです。だから全く他力でなければ助からない凡夫が十方衆生ということであります。廻向を首としたまいての首は、首という字ですから、首尾と続いた字で、廻向をはじめとしていかれるから、はじめからしまいまで、徹頭徹尾あなたの廻向によって助けようと誓って、そうして大悲心をば成就せりで、十方衆生を救いたいという大慈悲心を成就なさったのが如来の出願であり、如来の御修行によって仏となられたのです。こういうので全く他力であります。そういうことを本当に信ぜしめたいということが第十八の願であります。至心信楽欲生即ち、一心に帰命するという信が起これば、その場を去らずして助け給うということで、乃至十念と念仏申して喜ぶ身の上となるその人は、その時に於て助かるのである。十九、二十の願は、今助からないけれども、臨終、或いは将来助かるというようなことである。ところが、如来の十方衆生を救いたいという念願は、廻向を首として、あなたの御力ばかりで助けたいという。大慈大悲の弘誓ということを知らして、此の本願を頼みにする心を起こさせる。そうしてその時に助かって、南無阿弥陀仏、南無阿弥陀仏とよろこびとなえるものにしたいということであります。こういうことで全部助かるものにしたいというのであります。しかるに、まあ待っておれ、将来助けてやろう、二生、三生後に助けてやろうと、そんなことでは、現在いつまでも不安であります。しかし、そういう思召しを受けることが誰でもできるかというと、なかなかできない、何故できないかというと、自力の根性が強くて、『正信偈』には、邪見と憍慢と悪の衆生とは信楽受持すること甚だもって難しとおっしゃって、それは助かることは易いのだけれども、信ずることがむずかしいのです。信楽受持すること甚だ以て難し、信じて南無阿弥陀仏と名号を称える身の上になるということがなかなかむずかしいのです。邪見というのは、自力心が強いから、俺の考える思想が皆良いのだと思っている。憍慢は、人と比べてではなくただ自分がむやみに偉いと思い込んでいる。又、慢とは人の短所と比べて、自分の長所だけ見て自分だけが偉いと威張っている。これもやはり自力が強いからであります。悪衆生というものは、自分の悪いということを知らずして、いい者のように思っているという、これも元は自力が強いからであります。この自力の強い人間は、信ずることがむずかしいのです。信ずることができなかったら、助かる道はほかにどこにもないのであります。そこで如来は非常にやるせない心を起こして、念仏は十方衆生を救いたいというお念仏であるけれども、それを受け入れることができない為に、自力心を持っている衆生は助からないから、そのお助けにあずかることのできない、洩れた者をも洩らすまいとするこの大悲が延びて、十九願となり二十願となったのであると親鸞聖人は見ておられるのであります。

他の宗旨では、念仏を申しても助かるし、よいことをしても助かると、大雑把に思うておるけれども、よいことをしてもというのは、自力の心が強いから、やはり助からないのです。だから十八の本願の要は、あなたのお力によって、徹頭徹尾廻向のみによって助けんとの大慈大悲の誓願であります。けれどもそれを聞いて信ずることができないが為に助からずにたくさん残るのです。それゆえそれらを助けたいというので十九願にも十方衆生、二十の願にも十方衆生と後を追っかけておられるような御心持ちが見えるのであります。だから菩提心を起こして諸々の功徳を修して、そうしてお助けにあずかりたいと思っている者は、現在助かっておらずに、臨終に於ても非常に不安になる。そういう不安になるものを、願わくは、ひょっとすれば、大衆と共に囲繞して、その人の前に現われ来迎し引接してやろうという御本願をお立て下されたのであります。自力の助からん人を残さず、真実に入らしめようという方便の願で、願わくは第十八の本願に向わしめたい、第十八の願に遇わせたいということの為の御誓いであると見られましたのが、親鸞聖人の第十九願の見方であります。

第十八願も十方衆生とあり、第十九、二十の願も十方衆生とありまして、如来のおこころは十方衆生を助けたいというおこころであります。

第十九の願は、菩提心を起こして諸々の功徳を修するということがその行であります。それから信心は、至心発願するということでありまして、そして臨終に来迎にあずかるということだから、浄土に往生せしめられるということも含んでおるのでしょうが、しかしそれははっきりとは言っておられないのです。

大体、菩提心を起こすということは、自分の助かるということについての厳密な言い方でありまして、仏法独特の言葉であります。蓮如上人は、極楽はたのしむと聞いて願い望む者は仏にならずと仰せられ、弥陀をたのむ者ばかりが仏になるぞ、と第十八の本願のおこころをお知らせになっているのです。極楽は楽しいからと聞いて往生を願っておる。そのために善いことをしたり念仏を申したりしても仏にはなられないということであります。だから自分だけではなしに、自分も助かりたいが人をも助けたいという、この二つの願いを持っておるものが私どもの心というものなのであります。これは間違いのない、たしかなことを知らして下さったのであります。だから完全に助かる道は菩提心を起こしてそれが成就するというほかにはない。弥陀をたのむものこそ仏になるとおっしゃるのは、信心は菩提心であるから、本願を信じ念仏を申すということになれば、それは自分も助かり人をも助けるという、ただ一つの道である。「願力不思議の信心は、大菩提心なりければ」（『浄土和讃』・五三一）信心は如来からいただいた菩提心であるから、信心念仏は自分が助かるのみならず人をも助けうるという菩提心成就の道であるという喜びです。それでこそ真に助かるということであります。

この第十九願の菩提心を起こすまでにいたり、諸々の功徳を修するというまでにいたった人は助かるとありますが、これは方便の願でありますから、助かる道に出たものであります。十方衆生を助けたいというのが仏の願いでありますから、ここに入った者は助かる筋のものということですが、まだここまで来ない人がたくさんあるわけであります。十方衆生の中で菩提心も起こさないし、自分の便宜になり楽になることならば、方法も手段もえらばず妄語、綺語、両舌、悪口というようなことも平気でやっておる。殺生、偸盗、邪淫ということも平気でやっておる。仏とも法とも思わない、気儘な生活をしておる人がたくさんあるのです。そういう人も十方衆生の中ですから、この十九の願でお誓いになったということの中には、菩提心を起こし、功徳を修する者は助かるとありますが、菩提心も起こさず功徳も修せずというものを、ここまで持ってきたいというお心があるわけであります。如来の願い、如来の光明は十方衆生の上にいたり届き、そういう者も菩提心を起こし、功徳を修するということをするまでにさせたい、というおこころが一つあるということを、この十九願を拝読するときに思うのであります。

これは一面、願成就の文を見ますと、

捨家棄欲《しゃけきよく》して沙門《しゃもん》となり、菩提心《ぼだいしん》をおこして一向《いっこう》にもはら無量寿仏《むりょうじゅぶつ》を念じ、もろもろの功徳《くどく》を修してかのくにに生《しょう》ぜんと願《がん》ず。（四〇）

とあります。家を捨て欲を棄て沙門となりというような人も、またそこまで行かないような人も、善いことをすこしでもしてというような人も皆含まれておると書いてありますが、仏法以外の、マルクスの思想とか、民主主義とかいろいろの思想がありますが、そういうものもよく調べてみたら、自分もよく人もよく平和に幸福にと言っておるけれども、いつの間にか自分さえよければというようなことがもとになって、両方のためと言っておるけれども本当の利他はなく、自利だけのことになっておるのではなかろうかと思うのであります。

本当に菩提心を起こして上求菩提下化衆生という、自利と利他との念願をもってそれを完成せしめるにはどうしたらよかろうか。それがために諸々の功徳を修すると教えられておりますが、たとい家を捨て欲を棄て沙門となり多くの功徳を修するということができないまでも、小さい善いことでもと思って、せっせとやっておるのが一般の仏教徒というものであります。聖道門の人々、即ち自力の機、菩提心を起こし菩提心を成就しようというために、多少とも諸々の功徳を修しておる人であって、なかなか助からずにおるのですが、それがなかなかできないということをだんだん自覚してまいりますというと、自分の自力では駄目だ、ということがわかってきます。それは修諸功徳の結果というものでありまして、そういう人々を助けずにおいておくということは十方衆生救済の本願にもれるからして、そういう人もどうかして助けたいということがこの願となってきたのであります。だから自力で菩提心を起こし、諸々の功徳を修する人が、菩提を成就し諸々の功徳を成就して、自分も助かり人も助かるようにしよう、こういう意気込みでやったのですけれども、とてもできないということになったところから、欲生彼国、あなたの御国に生まれたいという願いが起こるので、そこで始めて浄土門にはいってくるようになるのであります。

至心は心を至しですから、いい加減でなしに精一杯、自力の真実心をふりたてて、そうしてどうぞこの願いを成就したい、菩提心を成就したいという願いを起こして、それができないからあなたの国に生まれたいという願いを起こすようになる。この身、この世ではとてもできないということがだんだんわかってくるようにさせたいのが、この十九の願のおこころであります。

自力でとても往けぬけれども彼の国に生まれたいということを願っておる。そういう者を捨てずして、それが臨終の時に臨んで、大衆と囲繞して来迎しようという御本願になって、助からぬといって失望落胆させずして、それも助かるという望みを持たせたいというのが第十九の願であります。全部否定というのではありません。それが如来の方便の慈悲というものでありまして、親鸞聖人はこの十九の願のお心を三首の和讃で現わしておられます。『浄土和讃』のうち「大経和讃」の第十一首目には、

至心発願欲生《ししんほつがんよくしょう》と　十方衆生を方便《ほうべん》し
衆善《しゅぜん》の仮門《けもん》ひらきてぞ　現其人前《げんごにんぜん》と願《がん》じける。（五二三）

ここまで来たった人もどうか助けたい、十方衆生を救いたいという中に入れよう。いろいろの善をしても来迎引接してやるから助かるぞという仮の門でありまして、本門は第十八願ですが、そこへ入る仮の門として、現其人前と願じける。その人の前に現われんと願じて下さっておることであります。

臨終現前《りんじゅげんぜん》の願《がん》により　釈迦は諸善《しょぜん》をことごとく
観経一部《かんぎょういちぶ》にあらはして　定散諸機《じょうさんしょき》をすすめけり。（五二三）

定散諸機というちょっと難しい言葉が出てきましたが、臨終現前の願は、第十九願、釈迦は諸善をことごとく、諸々の功徳を修して善をして助かろうとする人々も、助けないとは言われず、助けしめんとして、あの『観経』一部というものが説かれたのである。『観経』一部というものは、自力定善といって善いことをする人も、散善九品の散り乱れた心で、善いことをする人及び善いことはできなくても念仏だけ申すというような人でも、すべて十九の願で助かるのだぞということを勧めて下さったことである。

諸善万行《しょぜんまんぎょう》ことごとく　至心発願《ししんほつがん》せるゆへに
往生浄土《おうじょうじょうど》の方便《ほうべん》の　善《ぜん》とならぬはなかりけり。（五二四）

この十九の願の人は、多少とも善をして助かろうとする。自力ながらも真実の心をふりたてて、どうか菩提心を成就したいと、いろいろの善ということをしておる者も、仏の本願に助けられるには何の足しにもならぬのですけれども、それを失望落胆せしめたくないために、往生浄土の方便の善とならぬはなかりけり、菩提心を起こして多少とも善をしておることは、いつか第十八の本願に入るところの手掛りになるのであるぞということであります。

さきに申しました「仮令」という言葉について、覚如上人は、『口伝鈔』という書物に、

諸行《しょぎょう》を修して往生《おうじょう》を係求《けぐ》する行人《ぎょうにん》をも、仏の大慈大悲《だいじだいひ》御覧じはなたずして、（八四六）

自力で少々の善いことをして、往生したいと思い、助かりたいというようなことを思っておるような者は、そんなものは駄目だとしてしまわずに、

修諸功徳《しゅしょくどく》のなかの称名《しょうみょう》をよどころとして、現《げん》じつべくばその人のまへに現《げん》ぜむとなり。

（八四六）

いろいろの善いことをしたその中にも十九の願の人というものは、あなたの国に生まれんと思うという心を起こす位だからして、念仏を必ず申しておるわけであります。その念仏は第十八願の助かった念仏でもなし、第二十の願の果遂するという念仏でもなし、諸々の善もしておるがこれもやっておけという位に思って念仏を称えておるのでありますけれども、とにかく、念仏をしておる人であります。だから、「修諸功徳の中の称名をよどころとして、現じつべくばその人のまへに現ぜむとなり」というのは、ひまがあったら現われてやろうというようなことでありまして、言い換えれば、ひょっとしたらば現われてやるとおっしゃる。それで昔から皆この願を大切にして、自分の自

力がかなわんでも、臨終に現前して引接と手を引いて往生させて下さるといって、臨終の来迎の一点に望みを置いておる人もあります。けれどもその望みたるや、親鸞聖人は、「仮令」とあるからしてこれはきっとということではない。ひょっとしたら現われてやろう、ひょっとしたら現われぬかも知れないという。こういう本願であるから、第十八の本願の十方衆生もらさず救いたいという他力の大慈大悲心がのびて、まだ仏とも法とも知らぬ人もそこまででも入れてしまう。又菩提心を起こして多少の善をして、その善によって助かろうとしておるような人々もこれを捨てずして、必ず助けたまうであろうという安心と望みを持たせたい、ということから方便の願として、十九の願が出てきたのである。方便は真実から出たものであります。それによって真実に帰らしめたいというのが方便であります。親鸞聖人は、この本願を、菩提心を起こして功徳を修す。そして臨終に来迎にあずかって助かる願だとは御覧にならずして、実はそれでは助かるのではない。本当のところへ行かずんばという、捨てずして導こうという如来の慈悲の心をあらわされたのが第十九の願を誓われた所以であるとお示し下さったのであります。

さて、第十八願を開いて詳しく示されたのが『大無量寿経』で、第十九の願のおこころを知らせたいがために細かく開いて知らされたものが『観無量寿経』で、第二十の願を開いてお示しになったのが『阿弥陀経』でありまして、これも、親鸞聖人の卓見であります。『阿弥陀経』を見ますと、二十の願にも来迎があるということがわかるのであります。十九の願にも来迎がある。ところが、ただ一心に帰命して、他力念仏を申すという第十八の本願には来迎がないのかと、こういうと、これは『大経』を見ましても、平生において来迎にあずかっておるからして、臨終の来迎を予期しないのです。又臨終の正念ということを待って助かろうとはしない。「来迎たのむことなし」「臨終まつことなし」とおっしゃっているのです。これも有名なお言葉でありますから、真宗の教えを聞くお互いは、忘れてはならないお言葉であります。「真実信心の行人は、摂取不捨のゆへに正定聚のくらゐに住す。このゆへに臨終まつことなし、来迎たのむことなし」（『末灯鈔』・六九〇）とあります。ここに真実信心の行人とありますが、行人ということは念仏者ということであります。真宗はお念仏で救って下さるのであります。「真実信心の行人は」というのは、真実信心の上からの念仏者はということで、真実信心の行人は、ただいまから摂取不捨の御利益にあずかる。如来の御光に摂められて、捨てられぬという御利益をいただいて、その御利益を喜び、そこに安住する。助かるということは摂取不捨ということでありまして、真実信心の行人は、摂取不捨せられるから正定聚の位という、必ず仏にしてくださるに間違いないというその境地に定まるのである。「このゆへに臨終まつことなし、来迎たのむことなし。信心のさだまるとき往生またさだまるなり」と、だからありがたやという念仏を喜ぶは、摂取不捨の自覚の上から喜ぶことです。摂取不捨の自覚ということは、観音・勢至もろともに、諸仏菩薩の百重千重囲繞してよろこびまもりたまうて、影の形に添う如く夜も昼もお守り下さるということであります。そういう身の上にして下さったということを喜んで念仏を申すのであるが、これは常に来迎をして下さっておるので、今は来迎はないけれども死にぎわに来迎の期待を持つ、そういう期待を持つということではない。十九の願は、本願も「仮令」でありますが、こちらの心持ちも「仮令」でありますます。ひょっとしたらという危ぶみが去らぬのでありますす。真実信心の行人は、摂取不捨の御利益にあずかるから正定聚に住せしめられたという喜びであり、その喜びから南無阿弥陀仏、南無阿弥陀仏と申して今落着くのであるからして、来迎を待って落ちつくとか助かるということでないのです。来迎も期待しない、臨終も期待しない、信心のさだまるときに往生またさだまるなりで、平生のときにさだまるのであるから、これは常来迎で、この行人のところには、観音・勢至が、たのまざれども、求めざれども、影の形に添う如く守りたまうのでありまして、それを喜んでおられたのが親鸞聖人の御信仰と申すものであります。常に来迎にあずかるというようなお誓いはないけれども、実は、常に来迎にあずかっておるという喜びをもって、死にぎわの来迎を期待するというような心を持っておられないのです。期待の必要なのは、現在救われておらないから、危いから臨終を期待するのであるからして、助かっておらないのです。それは真実信心がないからであります。だからそういう善を修して臨終の来迎を期待するというようなものをも、第十八願のお心をいただいてそういうことを期待しないことにならしめたい。現在助かって常来迎にあずかって、仏名を讃歎して、念仏を称え喜ぶということのできるようになる身の上にならしめたいということが、十方衆生救済の第十八願のお心と申すものであります。こういうことにならぬ者をなさしめずばおかぬということが方便の願として第十八願意の真実から流れ出て十九の願となったのである。信じないものは助からぬということでは、十方衆生の本願は成就しないのであるが、第十九願となり第二十願となると、どうでもこうでも十方衆生を救って第十八願をいただくような身の上にさせねばおかぬ、ということがこの三願を如来がお立て下さったやるせない思召しであります。

これは『教行信証』を開いて御覧になれば、勝手にお考えになったのではなく、いろいろのお経なり七高僧なりの証拠の文を引いて、こう見るのが本当の意味に違いがないといって、いやと言えぬように証明して教えて下さっております。次の第二十の願を領解しますれば、三願の関係というものが、もう少しはっきりしてくると思います。

第二十願　欲生果遂《よくしょうかすい》の願《がん》

たとひ、われ仏をえたらんに、十方の衆生、わが名号をききて、わがくにを係念《けねん》して、もろもろの徳本をうへて、至心廻向《ししんえこう》して、わがくにに生《しょう》ぜんと欲《ほっ》せん、果遂《かすい》せずば、正覚《しょうがく》をとらじ。(一八)

第十九願も「大経和讃」では三首の和讃をもってそのこころを示してあることは、この前申しましたが、第二十の願のおこころもまた、三首をもってそのこころを示して下さっておるのであります。「大経和讃」の第十四首目には、

至心廻向欲生《ししんえこうよくしょう》と　十方衆生を方便《ほうべん》し
名号の真門《しんもん》ひらきてぞ　不果遂者《ふかすいしゃ》と願《がん》じける。(五二四)

十五首目には、

果遂《かすい》の願《がん》によりてこそ　釈迦は善本徳本《ぜんぽんとくほん》を

弥陀経にあらはして　一乗《いちじょう》の機《き》をすすめける。（五二四）

十六首目には、

定散自力《じょうさんじりき》の称名《しょうみょう》は　果遂《かすい》のちかひに帰《き》してこそ
おしへざれども自然《じねん》に　真如《しんにょ》の門《もん》に転入《てんにゅう》する。（五二四）

第二十願は果遂の願と仰せられて、果たし遂げて、いつか第十八願に転入せしめずばおかぬという願であるから、これも結構な願であります。だからどうかここまで行けよという方便の願であるということを、この第十四、十五、十六の三首の御和讃でお示し下さったことは、大変有難いことであると思います。

ちょっと話が前後しましたが、この願のこころは、「たとひわれ仏をえたらんに」とは願を立てて、私の願が成就して、仏になった上からはということであります。

「十方の衆生、わが名号をききてわがくにを係念して」この「係念我国」という言葉を取って、聖人は「係念定生の願」とも名づけられ、「不果遂者の願」とも名づけられています。また特にこの願を「植諸徳本の願」とも申しておられます。けれども聖人のおこころは「また至心廻向の願となづくべきなり」（三七六）と仰せられています。これは「至心廻向の願」と名づけるべきであるという意味で、実は以前より高僧方がつけておられる名を一遍に消して、こうした方がよいとおっしゃらないで、こうも名づくべきであるという謙虚なおこころを「名づくべきなり」と表していられるのであります。

「わが名号をききて」、南無阿弥陀仏という名号を聞いて、「わが国を係念して」、念を係けて忘れないということが「係念」ということだそうです。仏様の御国の結構なことを聞いて、それを慕うことでありまして、そういう心の上から「もろもろの徳本を植ゑて、心を至し廻向してわが国に生まれんと欲はんに」とあるここの言葉をとって「植諸徳本の願」と言われているのであります。諸の徳本を植えるということは南無阿弥陀仏と称えるということである。こういうことは親鸞聖人の卓見でありまして、他の浄土宗念仏門では、徳本を植えるということは、善いことを一つ一つ積み重ねて行く、術語で言うならば、諸善万行世間なり、仏法で教えられた善いことをするということだと見ておられるのであります。聖人はそうではない。名号を称えるということであると解し、それはだんだん研究して行くとそうなくてはならんと思うのですが、ちょっとそうはみえないようですが、名号は多善根多福徳であるから、名号を称えるということが諸々の徳の根本を植え積むということになるのだ、と見ておられるのであります。

他の浄土宗では十九願も二十の願も十八の願も皆真実の願と見ておられまして、どれでもいいとしておられるそうであります。念仏を称えるということだけで助けようというのが第十八願だが、第十九の願、二十の願の諸善万行でも植諸徳本でも、言い換えれば善いことをするということで、往生をし成仏することができると見ておられるのだそうです。ここが聖人と他の浄土宗と違うところであります。

「至心廻向してわが国に生ぜんと欲せん、果遂せずば正覚を取らじ」とあるから、かくの如く称えますからと仏を廻向して、そうしてあなたの国に生まれたいと思ったものは、必ずその生まれたいという願いを果たし遂げさせずんばおかぬ、必ず助けるという願であると見えるのであります。

毎度申しますけれども、この三願は大事な願でありまして、四十八願の中でこの三願だけが同じく「十方衆生」「十方衆生」と書いてあります。それは如来のおこころは、一切衆生を救いたいという御念願であるからであります。同じ性格のように見えるけれども、聖人はそれを仔細に研究をして、正しく本当に助かるということは第十八の本願で、それが真実である。十九、二十の願は方便の願である。方便の願だというと、そんなものは必要がないので、真実だけでよかろうじゃないかと、こう思うようでありますから、方便はつまらぬということではない。第十八願のおこころにかなって、本当に信じて助かるということは、なかなか自力根性の強いお互いにはできにくいのでありますから、そのものをどうか助けたいというおこころで十九、二十の願をお誓い下さったのであります。だから真実ではない。方便ではあるけれども、「往生浄土の方便の、善とならぬはなかりけり」（五二四）と仰せられ、又二十の願に相応したものとなってまいりますと「おしへざれども自然に、真如の門に転入する」（五二四）と、第十八願に入るように自ずからさして下さることである、と申されます。願わくは第十八願に直接はいることが最もよいのですが、はいらないものはいたしかたない。それでもその人々を漏らさず捨てず、十方衆生悉く救いたいという如来の大慈悲から、十九の願と二十の願をお誓い下されたものであると喜んでおられるのであります。

この第二十の願のおこころをごく簡単に言えば、念仏を申して助かろうという心を起こして、自力念仏のものでも、念仏を申して助かろうと思うにいたった者は、必ずその願いを果たし遂げしめずにはおかぬというのであります。

もう一遍、善本徳本ということについて一言申しておきたいと思いますが、あらゆる善にもましたる善であるという意味で、聖人は「化の巻」に、

善本《ぜんぽん》は如来《にょらい》の嘉名《かみょう》なり。（三七六）

嘉というのは結構なという意味でしょう。

この嘉名《かみょう》といふは万善円備《まんぜんえんび》せり。一切善法《ぜんぽう》の本なり。かるがゆへに善本《ぜんぽん》といふなり。（三七六）

如来の御名を南無阿弥陀仏という。その名によろづの善が備わっておる。一切の善といっておるけれども、一つずつ何でも善いことをしたら善本だ、そんなような意味ではない。一般仏教ではそんなように解釈しておるところもあるのだけれども、親鸞聖人はそういう見方をするのではない。善本というは名号のことである。故に、

徳本《とくほん》といふは、如来の徳号《とくごう》なり。（三七六）

如来の御功徳がちゃんと含まっておるところの御名である。

この徳号《とくごう》は一声《いっしょう》称念《しょうねん》するに、至徳成満《しとくじょうまん》し衆禍《しゅか》皆転《かいてん》す。（三七六）

南無阿弥陀仏と言えば、もろもろの禍いが皆転じて幸せになる。そういう如来の徳がこの名号の中に備わっておるからして、その名号を一声称えるということ、それは、

十方三世《さんぜ》の徳号《とくごう》の本《ほん》なり。（三七六）

諸仏の名号もたくさんあるけれども、あらゆる十方三世の徳号、諸仏名号の根本ともいうべきものが南無阿弥陀仏の名号であるからであります。

かるがゆへに徳本といふなり。（三七六）

こうありまして、善本というときには原因でありまして、徳本というのはその結果であります。徳は幸せということになるのであります。だから善いことをするということは善でありますが、その善ということは功徳という、幸せの結果を呼んでくる原因となるのでありますから、善の根本ということは、一切の善いことが備わって、また一切の善いことの出てくる根本であるからであります。結果の方からいうと、名号は一切の功徳がちゃんと備わっておるから、一切の幸せというものの出てくる根本なんであるから、それで名号をまた徳本というのです。同じことですけれども、その原因の名と結果の名という違いであります。だから南無阿弥陀仏、南無阿弥陀仏と称えることは、あらゆる善をなすにもまして善をなしていることであり、またあらゆる徳を積んでおることになる。だから善本徳本である名号を称えて、そうして廻向しようとする心が起こるのです。これをもって往生いたしたいと、こういうように差し向けていく心がある。本願を信じ念仏を信じて助かるということからいえば、これは全く他力によって助かるぞという、大慈大悲のおこころをたのむことにほかならんのですから、自分の称えておることをたのみにするということ、それを善本とし徳本とするということは仏のおこころにぴったり一致しないことでありまして、これは半自力半他力の心であります。しかしそういうものも名号を称えて廻向するということは、自分に向かって廻向せられておる名号ということを知らずして、これを仏に廻向しようというような自力根性がやまないのです。けれども名号を称えておるというその徳によってこれもどうか果遂せしめよう、果たし遂げさせたいという願いなのであります。

十八願の機、十九願の機、二十願の機といいますけれども、普通一般の人間というものは、悩みのないものはないのであって、皆悩んでおるものです。皆煩悩を持っており罪悪をしておる。これが凡夫というものである。だから苦しいことばかり出てきてすこしも安楽にならないのです。そういう人間が十方衆生ですが、仏法を聞かない人々は十九願にさえもはいらないわけであります。ただ自分で幸福になろうと思い少しでも苦しみをなくしたい、安楽安穏になろうというばかりの願をもって、そうしてただ自分の思いつきでいろんなことをやってみたり、あるいは教えられた道徳をやってみたりして、徹頭徹尾自分の自力で苦しみをなくしようと思って頑張っておるのでありまして、世間諸々一般の生活努力であります。これを世間の人といいます。それが仏法を聞くようになって、現在の苦しみは自分の罪業の結果であり、煩悩生活の結果であることを知り、その原因はこの世一生位でない、前生、前前生、大昔からの結果であることを聞かされ知らされて、どうか幸せになりたいと思うなら、自分の過去の悪い罪を消し、改めて善いことをする。煩悩の生活を煩悩がなくなった生活に変えていこうとするのです。こういうことで聖道門、一般の自力の努力をしていくのが一般の仏法であります。これはまあ一般人からいえば、第二番目の求道の歴程であります。ここには、そこまでのことは書いてないのですが、これは仏法内の聖道門でありますから十九の願から始まるのです。十九の願は仏法内において法を聞くようになって、自力心の修行をして、自分の努力ばかりでは助からぬということをわからせ、又自分だけが幸せになるというのでは本当に助からぬということをわからせる願です。そして、菩提心を起こすことの大切なること、即ち菩提心を起こして自分も人も助かろうという自利利他の本当の幸福の道を知らしてもらう願です。そしてそれからどうしたらよいかというと、諸々の功徳を植えて善行というものを修めていって、今まで修めておったのだけれども、どうしても助からないから、すなわち、自分の願いが成就成功しないということに気付いてきた人が、今度は仏の御国に生まれたいという願いを起こすようになるのです。しかしながら、自分で助かった世界を作るということができないものでありますから、自分の力では到底できんということに突当り、そこで心を至し、自力の心ながら真実の心を起こし、助かりたいという願を起こしてそうして、我が国、つまり阿弥陀如来の御国へ行きたいと願うのです。とても自分ではこの世界を清くし、自分の心を清くし安楽になるということはできないからして、あなたの御国に生まれさしていただいて安楽になりたい、仏になりたいという、他力を願う心が起こるのであります。ここに自力ではいかんということが大分わかってきた人が、まだしかし自力の心がとれないのですから、善いことを積んできたこの心をもってあなたの御国に生まれたいという願いを起こすようになる。即ち自力をもちながら他力に向かってきたのです。しかし、この願にはそういう人を、往生させてやるとも仏にしてやるとも書いてないのです。ただ命終わらんとするときに於て、ひょっとしたら、その人の前に現われて来迎して手を引いて往生させてやるかも知れないという願です。即ち助かる望みを私どもに捨てさせないための願です。それが十九の願であります。

それがだんだん進みまして、この菩提心ということもなかなか起こらない。諸々の功徳、万善万行を行なうということも、調べてみると、どれが本当の善ということやら、どれが本当の功徳になることやらわからなくなって、到底善を行ずるなどということはできることではないということがわかってきて、大分進んだ人になる。それがこの第二十の願にかなうようになって助かりたいと思うようになることなのです。「わが名号をききて」仏が助けてやりたいための名号であるという、南無阿弥陀仏の名号を聞いて、言い換えれば一声称えても助けてやろうという名号を聞いて、そうして、念《おも》いをあなたの御国に係けて忘れず、どうかあなたの御国に生まれさしていただきたいことである。あなたの御国は善ばかりである、楽ばかりである。あなたの御国にまいらしていただきたいものである。自分には到底、浄らかなる善などできないのだから、善を廻向してたすけられんと願うことはできないということがわかった人ですから、諸々の善の根本であり、徳の根本である如来の名号を、善を積んでいくように思って称えていくようになる。そうして自分の手柄で善いことをして助かろうということは自惚れた根性で駄目であった。ただ名号によって助けていただくということでありますから、言い換えれば、一心に名号の善と徳というものを信じて念仏を申し、これを己れから廻向して――差し向けて――そうしてあなたの御国に生まれたいと思うようになる。そこまで来ると、ほかのものは何にも自分の助かる行為を持ち合わせはないのであって、善も徳も自分には不可能である。ただ善となり徳となるものは名号だけであるということで、名号一つを善本徳本として常に差し出してあなたの国に生まれたいと思うにいたるのです。ここまで来たものは果遂せずんばおかぬという御本願なんでありまして、この最後の果遂、わしが果たし遂げさしてやらねばおかぬというお言葉を取って、「果遂の願」とこれを呼ぶのであります。

ところで、果遂ということについて、三生果遂ということと一生果遂ということが昔からいわれているのです。三生果遂というのはこの世の一生、次の世の一生、その次の世の一生で三世でありますす。果遂ということがわかったように思うが、この願の文字をじっと見ておるというと、どういうことを果遂さして下さるのやら、はなはだ不明瞭であります。だからこの世におる間に果遂させて下さるのか、或いは死んでから次の世に果遂させて下さるのか、なおその次に果遂させて下さるのか、一生か二生か三生かということであります。はっきり申しますと親鸞聖人は一生果遂ということを思っておられるのであります。ところがわれわれはたいてい三生果遂ということを思っておるのであります。

果遂ということは、きっとそこまで結果として最後まで果たし遂げてやるということですから、どう果たし遂げて下さるのかということが問題となります。これも往生するということを果たし遂げさせて下さるとも考えられますが、親鸞聖人は、第十八願に入るように、本当の信心を得て、本当に助かって喜びの名号を称えられるようなものに果たし遂げずんばおかぬというおこころであります。一般には往生するという方がわかりやすいのですが、詳しいことは知りませんけれども浄土宗なんかでもやはり三生果遂ということを言っておられることもあるようであります。それは過去に善根を積みつつ称名を称えて、即ち諸々の徳本を植えるというつもりで称名を積んできて、この世にそれを至心に廻向し、そうして来生に往生成仏するというように考えておられる一流もあるそうであります。これは過去と現在と未来ということで三生果遂ということを思っておられるのでありますす。又現在と未来とその次の生というように、この三生によって往生できるというように往生果遂ということを思っておる一流もあるそうでありまして、また今生に名号を聞いて、そうしてあなたの国に念いを係けて忘れぬようにして、そして善を行じて諸々の徳本を植える心で一生念仏をとなえ、その徳を至心に廻向して、その廻向の徳によってその次の生に往生し、その次の生に成仏を果遂する、こういうようにこの世、未来、その未来の三生にわたって往生を果たし遂げさせて下さる、こういうおこころであると見ておられる方々もあるそうです。なお二生果遂の考えもあるわけです。

親鸞聖人の御教えでも、そのような二種類がありまして、この世では植諸徳本だから、御名を称えておるというと、それは方便の願でありますからして、本当に助かるということができずして、次に往生するといってもそれは化土であり、本当の仏様の国でなしに仮の国といいますか、辺鄙といいますか、そういう国に往生をさせてもらうのであって、その次の生に法を聞いて、真実の如来の御国、浄土に往生するというように説いておられるところもあります。多くはそういうように今生に念仏を申しておったら往生するといっております。けれども、親鸞聖人は、それは化土の往生であるから、そこへ一遍往生するより仕様がないと思うけれども、そこから真実の仏国に往生できるようにしてやらずばおかぬということが果遂の御本願ということであります。だから今生と来生と来々生と三生の後に果遂するということであります。こういうように思って喜んでおる人もあります。

ただ親鸞聖人は、三生果遂ではなくして、この世一生の間に十九の願に誓われておるような、その通りに自分が実行し願ってみたこともある。それがまた転じて名号一つこれを善本とみ、徳本とみてこれを積んで生まれたいと思ったこともあるが、とうとう果遂のお誓いによって第十八の本願に帰するようにさせられたから、ただいまから本当に助けたまうことであると、おどらんばかりに喜んでござるのです。これはこの世での一生果遂であります。一生を終えて往生するというような往生の果遂ではなくして、真実の信心にはいる、即ち第十八の本願を信ずるようになるということが、如来の果遂の誓いというものである。こういうようにお喜びになり、又私どもに知らして下さっておるのが、御当流の親鸞聖人の果遂の誓いといって喜んでござる意味であります。

果遂という意味について三生果遂、一生果遂というお話をいたしたのでありますが、我が聖人は、「化の巻」に一生果遂という御自身の信仰、求道の歴程をお述べになって喜んでおられるお言葉があります。それは有名な、

かなしきかな、垢鄣《くしょう》の凡愚《ぼんぐ》、無際《むさい》よりこのかた、助正間雑《じょしょうけんぞう》し、定散心雑《じょうさんしんぞう》するがゆへに、出離《しゅつり》その期《ご》なし。みづから流転輪廻《るてんりんね》をはかるに、微塵劫《みじんごう》を超過《ちょうか》すとも仏願力《ぶつがんりき》に帰《き》しがたく、大信海に

いりがたし。まことに傷嗟《しょうさ》すべし。ふかく悲嘆《ひたん》すべし。おほよそ、大小聖人、一切善人、本願《ほんがん》の嘉号《かごう》をもておのれが善根《ぜんこん》とするがゆへに、信を生ずることあたはず。仏智《ぶっち》をさとらず。かの因を建立《こんりゅう》せることを了知することあたはざるがゆへに、報土にいることなきなり。(三八八)

と仰せられまして、御自身の喜びと人の誤りを大いに知らして下さったものであります。お互いにわれわれ煩悩具足の凡夫は、大昔から今日まで長らくの間、道を求めて来たのであったけれど「助正間雑す」というのがその現実です。この「助正間雑」という言葉は術語であって、一々説明すると難しいのですが、正は正業で、信仰が純粋であるということでありまして、即ち念仏一つを喜ぶということまでもなかなかいかずに、礼拝とか讃嘆供養とか読誦とかいうようないろいろな事柄を雑えて、これもしておけあれもしておけ、いいことなら何でもしておけ、いろいろのものを役立てようとしておる心ということです。「定散心雑するがゆへに」心を静めようとしてみたり、静まらぬ心から喜ぼうと思ってみたりして、つまり信仰が純粋でないのです。純粋にならんがためにいつまでも生死の悩みから出るということができないのであります。出離其の期なし、出離生死して助かるというときがない。流転輪廻ばかり、同じようなことばかり繰返して大昔から今生只今に至るまでそういうことをつづけておるのです。微塵劫、無量の長い間、いくら過ぎて来ても仏願力に帰するということがない、仏様の本願力に帰命するという心の落ち着くところがない。したがってその人は大信海、本当の信心を海にたとえて、真実信というところにはいることができぬ、即ち本願海にはいることができぬ。即ち助からずにおるのであって、まことに痛ましいことであり悲しいことである。非常に同情をして下さっておる。

凡そ大小の聖人、大乗の尊い方、小乗の貴い方、一切の善人、皆善いことをする人であるが、その善人というものは菩提心を起こし諸々の功徳を修する。十九願にあるような善いことをやる。又なお進んだ人は自力の駄目なことに気がついて、弥陀の名号のお徳を聞いて、そうして名号を称える。そしてその名号を称えるということが、一切の善をなし一切の功徳を植えることになるただ一つのことであるというので、本願の嘉号をもって己が善根とするが、それ故に信を生ずること能わず。簡単明瞭ですが、第二十の願におっしゃるように如来の名号を聞いておる。それは貴い名号であり、十方衆生を救うという名号でありますから、多善根多福徳の名号と仰せられます。そういう広大な徳のある名号でありますが、それを聞いても、それを己が善根として称えて、自分にほかの善はできなくても、善をしておるようなつもりになるのです。即ち本願に誓われた名号を聞いても己が善根とするのです。如来の嘉号を己が善根として使おうとする心があるから、名号をもっても称えても信を生ずることができないのです。そして念仏を称えてもこの念仏が如来の御廻向下さっておる念仏であり、これによって来いということ、つまり全く如来の本願力ということに目が覚めずして、称えていても、自分が善いことをする気になるのです。こういう心であるからして、名号は称えるけれども信が生じないのです。仏智をさとらず、如来が名号を聞かして、一声称えても助かる本願なるぞ、と本願を信じさそうと思って名号を聞かされておることを信ぜずして、名号を称えることを己の善根としようとするような自力心がまだ消えないがために、名号を信ずるといっておるけれども本願が信じられない。即ち仏の思召しを了知、了知は明知で、はっきり知ることができないものだから、いつまででも助からないでおわらねばならんようなことになるのです。非常に簡単でありますけれども有難い言葉であります。

「かの因を建立せることを了知することあたはざるがゆへに報土にいることなきなり」（三八八）如来の御国に生まれるということはないのだ、これは未来とも今生ともおっしゃらぬのです。

そのお言葉の次にありますのが、三願転入という真宗の大事なお言葉であります。これは親鸞聖人は一生果遂とは言われないけれども、一生果遂ということを示しておられるのであります。

ここをもて、愚禿釈《ぐとくしやく》の鸞《らん》、論主《ろんじゆ》の解義《げぎ》をあふぎ、宗師《しゆうし》の勧化《かんげ》によりて、ひさしく万行諸善《まんぎようしよぜん》の仮《け》門《もん》をいでて、ながく雙樹林下《そうじゆりんげ》の往生《おうじよう》をはなる、善本徳本《ぜんぽんとくほん》の真門《しんもん》に廻入《えにゆう》して、ひとへに難思往生《なんしおうじよう》の心《しん》をおこしき。しかるに、いまことに方便《ほうべん》の真門《しんもん》をいでて選択《せんじやく》の願海《がんかい》に転入《てんにゆう》せり。すみやかに難思往生《なんしおうじよう》の心をはなれて、難思議往生《なんしぎおうじよう》を遂《と》げんとほちす。果遂《かすい》のちかひ、まことにゆへあるかな。ここにひさしく願海にいりて、ふかく仏恩《ぶつとん》をしれり。（三八八）

という言葉があります。ここに親鸞聖人の独特の教相、即ち教えの立て方というものがありまして、それを三願、三経、三機、三往生というのであります。

詳しくは、『三経往生文類』という、聖人八十三歳のときにお作りになったお書物がありまして、それを何度も拝読しますと、親鸞聖人の三願の味わい方というものがわかってくるのであります。『三経往生文類』には、往生のしかたに三つある。それは大経往生、観経往生、阿弥陀経往生というものである。こういうことを明らかにして下さってあるのです。第十八願のこころを書かれたものが『大経』でありますし、第十九願のおこころをお話下さったのが『観経』というお経でありま す。『阿弥陀経』というお経は第二十の願のおこころを開いてお示し下さったものである。こういう親鸞聖人の見方であります。三機、機というのはわれわれ人間のことであります。十八願を信じた人は正定聚の機である。第十九願の通りに実行しておる人は、これは助からない邪定聚の人々であります。邪というのは、はすかい、真っ直に助かって行くというのでない。筋が違っておるというので邪定聚、聚は階級といい、類いという。同じ定聚という字を使っても、定聚になれぬから邪定聚という名が付いておる。第二十の願の人は、これを不定聚という。それは名号を聞いて、これこそ私の助かる道である。その名号を称えるということが善本徳本を植えるということであるから、そうしてあなたの国に生まれたいということを思って、二つ三つ四つ五つと弥陀の名を積んでそれを廻向してまいらせてもらいたいと思っておるような人であっては、実は助からないのです。この御名で本当のところへ出て行く人もあり、出て行けぬ人がありますから、これはどっちともきまらないということ。助かる人もあるかもしれんし、助からないものもあるというので不定というのでありますそれから往生は結果でありますが、大経往生は難思議往生、観経往生は雙樹林下の往生という難しい名がつけてあります。それから阿弥陀経往生は難思往生と名づけてある。これを一口に言うと、三願、三経、三機、三往生といって、こういう建て方を示して下さっておるのが、『三経往生文類』というものであります。

他宗では、三願とも十方衆生と書いてあるからして、どれをやっても往生をさしてもらえるのだ、こういうようにみておられるのに、聖人はそうではない。第十八の本願が王本願であると法然上人もおっしゃるように、この本願一つが本当に助かる本願である。それがなかなか行きにくいのです。自力の強い凡夫であるからそこへ行けぬのであり、そのゆけぬ者を方便して、方便ということは真実の心から真実に達する手段としてやるということでありますから、方便は悪いものでなくして、その仏様のお心さえわかれれば方便は貴い、有難いことであります。けれども、どれが真でどれが仮であるかということは明らかにしておかなければならぬのです。そうしないと行きつくところがはっきりわからない。十九、二十の願は方便の願である。十八の本願は真実の大願である。こう、はっきり知らして下さったことだけでも大事なことでございます。誰でもたいていは数珠を持ち輪袈裟でも掛けておる人間が言ったら何事でも本当である、と思う人もありますが、その代わり助かるのはどっちでもよいということでは、行きつく先は、どこへ行くやらわからなくなります。本当に助かりたいというならば、親鸞聖人のように、十八、十九、二十という三願があっても、どれが如来の真精神であるか。助かって行くというのはどうなって行くことだということを明らかに知らねばならぬのであります。だからしてただ第十八願を説かれたものが大経である、そう知らされるだけでも有難いでしょう。

四十八の本願、それぞれの成就というものを釈尊が付け加えて説かれておるのです。四十八の本願の一番大事さはどこにあるかといったら第十八願にある。その第十八願のおこころを『大経』に現わさんとしておられるということをはっきり知らして下さっただけでも有難いことであります。

第十八の本願の思召しを述べて、

弥陀の本願信ずべし　本願信ずるひとはみな
摂取不捨の利益にて　無上覚をばさとるなり。（五五三）

とおっしゃるように、弥陀の本願を信ずるということは、弥陀をたのむということである。それは至心信楽欲生我国ということで、一心に本願をたのんで、南無阿弥陀仏と称えるようになれば、もしそれでも助からぬということであるならばわしは仏にならぬ。こういう弥陀の本願を信ずれば、摂取不捨の身の上にしていただくからして、如来の御国、光明の世界に出ることができて、本当にただいまから助かる。こういうことを知らしてやろうということが第十八願、『大経』の所詮というものである。その人は生きておりながら正定聚という、正しく仏になるにきまったという中へはいる人間になるのだ、つまり助かったのだということであります。言い換えれば不退転、もう後へ退かない、仏果に進ましてもらうばかりになるということであります。なお言い換えれば、極楽に往生するにきまっておる。極楽は涅槃の境地でありますからして、涅槃の境地にはいらしてもらうことができるのである。だから、『大経』の第十八願の思召しのように信ずることができるようになった人は正定聚になる、それを難思議往生というのであります。難思議は、仏智不思議でありますから、そのわけやその光景は何ともかとも言ってみようがない。言わんとしても言いつくすことができない。思いつくすことができない。そういう他力不思議の境地にならしめられるということが往生ということである。念即生ということを前申しましたが、念即生を得させたいということが『大経』第十八願のおこころというものである。けれどもそういう信が起こらないというものも、それは第十九の願の人か、二十の願の人とならしめたいのです。これを駄目だと打っちゃったならば助かるものは少ないのであって、十方衆生の本願は満足しないこととなります。だから直ちに真実を信ずるということができない人であっても、どうか助けたいというお心が十九願となり、それが『観経』というお経になったのだ。けれどもそれではこの現世において助からぬということをどうか知らせたいために、この人を邪定聚の機であるという。どこまで行っても助からぬ、定善十三観もできぬ、九品の往生ということもなかなかできぬ。静かな心でする善も、散乱な心の中からする善も、どっちをしてもそれは助からぬということを知らせたいというのが第十九の願であります。だからその人は雙樹林下の往生といって、雙樹林下ということは、私にはどうもはっきりわからぬのですが、この三往生ということは善導大師のつけられたお言葉をお使いになっておられるわけでありますが、つまり釈尊の入滅せられる所は雙樹林下である。

釈尊の教えは他力で助けられるという教えではなくして、聖道門の教えの通り、世間の善をなし、仏法で教えられる善をなし、煩悩をだんだんなくするような修行をして行け。そうすれば必ず仏の悟りが開けるぞというように教えられたのが釈尊の教えでありますから、雙樹林下の往生と申されたのであろうと思います。教えの如く善はなかなかできないからそれは邪定聚で、決して本当に助かるという中にははいらない。要するに釈尊は自力の不可能なことを知らして、他力に帰せしめようということが釈尊の真精神に違いないのです。一般的御教化だけでなくして、最後には韋提希夫人に牢屋において阿弥陀如来の救済を説かれたことを、聖人は『正信偈』に「如来世に興出したまふゆへは、ただ弥陀本願海を説かんとなり」（二九〇）と申されております。仏たる方は、釈尊のみならず諸仏の心のドン底は、弥陀の本願を説き知らそうとせられるにほかならぬ、と仰せられてあります。諸仏の本意は、諸仏の道を知らされるのでなしに、念仏によって助かる道、この道一つを知らそうとしたのであることが釈尊一生涯の本意である。それで釈尊の自力の教えで助かろうとする往生を、雙樹林下往生という名を付けられたのでありましょう。

『阿弥陀経』は、ちょっと付け加えますが、親鸞聖人は『観経』と『阿弥陀経』と別けられますけれども、『観経』と『阿弥陀経』は方便の経として一つの流れのお経です。相手は韋提希と舎利弗と変わっておりますけれども、『観経』下々品において韋提希にお話になった、若し心に念ずること能わずば口に南無阿弥陀仏を称すべし、仏の願力なるが故に必ず助かるぞと教えられて、韋提希夫人はよくよくそれをきいて、未曾有なりと喜び廓然大悟して無生忍を得るとありますが、そこに仏になるべき信心の智慧が開けた。韋提希夫人のように純粋に、信の眼が開くということもあるけれども多くは開かないということです。自分のことはさておきまして、人様のお話を聞いておると、助かるような善いことも随分しておるのだけれども、どうも少々たよりないからして念仏を申しておこうというのは、先ほど申しました助正間雑の心で、いろいろの不純粋な思いがはいっておるのであります。また私共は助かるようなことはできないからといっても、さて名号を聞いて助かる道をそこに見極めるということもなかなかできないのであります。二十の願の念仏を申しておる人々というのは、そのもとは自力心からでありまして、その自力心というものはなかなかなくならないものです。

親鸞聖人は『阿弥陀経』という釈尊が舎利弗を相手としてお説きになったのは、一切の善というものは少善根少福徳であって、自分が真に助かるというような立派なことができるものじゃない。少善根少福徳の因縁によっては弥陀の国に生まれること能わずといわれたのです。南条先生がよく言われましたが、マックスミューラー先生にこのことを話したら、先生は仏教学者といっておるけれども、ワンダフルといって目を丸くせられて、そんな宗教があるか。善をしても助からぬと書いてある、そんな無茶なことがあるか。それは怪しからぬことであるといって驚かれた、と話されました。西洋の宗教ではそうでしょう。弥陀の名号を聞いてその名号を称えるということに、善のあらゆることが具わっておるのだから、善いことをする代わりになるからというようなつもりで、已れが善根として念仏を称えるというのが二十の願の人であります。そういう本願の話を聞いて韋提希及び舎利弗のように信の眼が開けて大信心海にはいって行く人もありましょうけれども、多くは二十願の自力念仏におわるのであります。

雙樹林下の往生は、正定聚に対しては邪定聚である。往生してもこれはいつでも来生で、この世では助からない。したがってその往生は化土である。化という字は面白い字で、本ものが少し化けておる。大体、蚕のさなぎが蛾になるようなもので、真実の如来のお心から出た方便であり、化土というものである。雙樹林下往生と、難思往生は化土であり、これを疑城胎宮の往生とも申しますし、辺地懈慢の往生とも申します。これはすべてこの世でなしに来生というようにおっしゃってありますけれども、親鸞聖人の一生果遂は、如来の御方便の有難さは、遂に如来の御方便によって自分は一生の間に第十八願の大信海に生まれさしてもらったことであるという喜びであります。

三願転入の文の意味を申しますと、「論主の解義」というのは天親菩薩の『浄土論』、「宗師の勧化」というのは曇鸞大師の『論註』、聖人は「親鸞」といわれるように、天親、曇鸞の御教えにしたがって、久しく万行諸善の仮門を出でられたのです。昔は、善をし行をしてそうして助かろうと思われまして、十九の願にありますように一生懸命に真面目になってあなたの国に生まれたいという願いを起こした。これは仮の門であって、本当に念仏成仏になるものではなくして「万行諸善の仮門」これは第十八願に入れようというお心から立てて下された方便の仮の門であったのです。その仮門を出てというのは、叡山の修行はとてもできることではないということに気がついて、叡山を出て法然上人の門を叩かれたのであります。これが「ながく雙樹林下の往生をはなる」ということで、釈尊の教えの自力で悟りを開こうというようなことを離れた。次に「善本徳本の真門に廻入して」これは二十願で、これを真門といわれる。真門は真実の門というので、阿弥陀如来の他力救済が真実の門なんであります。けれどもその真実の名号を称えるということばかりで助けたまうというのを真門といいます。善本徳本の真門に廻入してというのは、念仏を申すよりほかに助かる道がない、ということがわかってきて、「ひとへに難思往生の心を起こした」と申されます。『阿弥陀経』にあるように、西方極楽往生をいたしたいというような心を起こした。この世で助からんでも未来に助かるために、多善根多福徳の念仏を申しておきましょうという心を起こした。「しかるにいまことに方便の真門をいでて選択の願海に転入せり」これが第十八の本願です。第十八願には、至心信楽欲生とあるけれども、帰命の一心にほかならないのです。

　如来の作願《さがん》をたづぬれば　苦悩《くのう》の有情《うじょう》をすてずして
　廻向《えこう》を首《しゅ》としたまひて　大悲心《だいひしん》をば成就《じょうじゅ》せり。（五五八）

みなあなたのお手柄によって助かるのです。お前には廻向すべき何ものも持たないのだ。わしが廻向して助けてやろうということですな。「本願こころにかけしめて、つねに弥陀を称すべし」（五三四）と龍樹和讃におっしゃるように、たのむべきは本願ばかり、われの如何にかかわらずたすけねばおかぬ、苦悩の有情を捨てぬというその本願を信じて選択の願海に転入せり。「すみやかに難思往生の心をはなれて、難思議往生をとげんと欲す。果遂のちかひ、まことにゆへあるかな」（三八八）善本の名号をとなえることによって往生しようという心を離れて、念仏一つの浄土門に帰したけれども、また自力の根性が離れなかったが、だんだん聴聞しておったら、この名号は、私どもが廻向すべきものではなく、如来の他力御廻向によってのみ助かるという大悲大願にましますということに眼が開かれて、第十八の本願を信ずるようになったからして、本当に私に信ぜさせずんばおかぬと果遂させて下さったのである。第十八願に入って本当に助かったと喜ばれたのです。これは死んでから来生、来々生に往生してからたすかるということでなく、「爰に久しく願海に入りて深く仏恩を知れり」本願を信ずる一念に摂取不捨の身の上になることを喜ばれたのであります。実は簡単でありますけれども小躍りするような喜びをお示しになっておるのが三願転入の御述懐であります。多くは三生果遂と思ったり、二生果遂と思ったりしておりますけれども、親鸞聖人においては、この御文において一生果遂の喜びを現わされまして、如来の本願に三願ある所以は、かくならしめたいという切なるおこころから出たことを見い出してお喜びになっておるのでございます。

三願（第十八・十九・二十）について

四十八願のお話をいたしておりまして、第十八、第十九、第二十の願まで一応終わったのですけれども、本願中大事な中心のところでありますから、もう少し補足してお話をいたして見たいと思うのであります。

この前お話をいたしましたように、親鸞聖人は、この三願、三経、三機、三往生ということに分類をして、十八、十九、二十の願がどういう願であるかということを知らして下さったのであります。これは『三経往生文類』というお書物を晩年にお書きになりまして、

（三経）	（三願）	（三機）	（三往生）
大経	第十八願	正定聚の機	難思議往生
観経	第十九願	邪定聚の機	雙樹林下往生
小経	第二十願	不定聚の機	難思往生

こういう具合いに分類して三経の往生ということを知らして下さっておるのであります。第十八願は正定聚で、仏になるに間違いない者とならしめられること。第十九願は邪定聚で仏になれない。第二十願は不定聚で、たまに仏になる人もあるが、大体は助からぬ人が多い。なるものもありならぬものもあるということであります。したがってその往生も、難思議往生、雙樹林下往生、難思往生という名をつけて区別をしておられるのであります。

静かに考えますと、この第十九の願までは、十方衆生一般の広い人々というものにはいろいろあって、心は地獄・餓鬼・畜生というような具合いに道を求めるということも何もなしに、ただ貪欲、瞋恚の生活だけして終わってしまう人もあります。けれどもその中から道を求めるようになってきますと、教えを聞いて助かりたいという心を起こし、悪を廃《や》めて善を為していこうとか、煩悩をなくして安楽な身の上になろうという願いを起こしてくるのでありますが、それでも自分の力ではこれはなかなかできないことであり、自分では駄目ということにまでだんだん気づいていきますと、遂に他力をたのむというようになってくるものです。それで念仏門に入り、他力の救いを請うようになってきたところがこの第十九の願の御厄介になるわけであります。そして菩提心を起こし、菩提心を成就するということが本当の幸せということであります。そのためには世間でいう善なり、仏法で教えられる善を積むに限る、といって、どうか自力はかなわなくても他力の御救いにあずかろうという心を起こしてくるようになったのが、この第十九の願に相応する人たちの気持ちでありますます。だからこれを一言にして申しますと、だんだん自力では助かるということができぬということがわかって他力念仏門に向かってきたのであります。けれどもまだ自力の心のすたらない人であります。そういう者であっても捨てずに助けてやりたいということが、十方衆生といわれた大慈大悲の願心でありますから、第十八の願というのは、毎度お聞きになりますように、本当に十方衆生を救いたいという願であって、如来の本願を信じ念仏を申すという人、これは全く他力をたのむ心が起こった信心の人というものであります。如来は、衆生の善し悪しにかかわらず、全く他力で助けたいという絶対他力の本願をお立てになっておる。けれどもどうもそれを信ずるということができない。自力の根性がどうしてもやまぬからですが、そういう人をもらすまいとして、助けたいという大慈悲のお願いが延びて第十九の願というものになっているのです。だから人間からいうと、どうしても自力の心のすたらない、煩悩を滅し善をなしてそれを手がかりにして助けていただきたいという心のやまないもの、それを知らないとおっしゃらずに、そういうものも助けたいということが第十九の願のおこころであります。それならそれで助かるかというと、助からないから邪定聚の人間とおっしゃるのであって、この前申しましたように、邪というのは真っ直ぐでなしにはすかいであありますから、もう何とか一転して、そのはすかいがまともに向かうようにならしめたいのであって、そのままでは助からないのが邪定聚の機ということであります。

もう一度その人が自分の根機というものに目覚めてこなければならぬのであります。考えてみると、菩提心を起こさねばならぬけれども起こらない。いいことをしなければならぬけれどもできない。煩悩をやめなければならぬけれどもやまないという、この自分のすがたに目覚めて、自力がだんだん減ってはきたけれども、しかし二十の願の念仏を申すということによって、この前お話いたしましたように、何もできないけれどもあなたの名号をとなえさえすればと聞いて、どうか助かりたいと思って念仏を称える。善の根本、徳の根本であると聞いて名号を称えるということによって御助けにあずかりたいということになってきた人は、その者を必ず果遂せずんばおかぬという御本願が第二十の願でありますから、要はこの念仏を申せば助かるという御本願であります。ただ名号を称えればとおっしゃったその言葉が、全く他力によって助けるのだという、底の抜けた大悲がわからずに、念仏を善として、善を積むように思って、念仏をとなえること一つをたのみにしている人も、いつかは助けようというのが、果遂せずんばおかぬという第二十の願であります。

この十九の願、二十の願の二願とも親鸞聖人は方便の願とおっしゃいますが、この方便の御本願によって、漏れたくても漏らさずにどうか第十八願に即応した人間にならしめたい。そうして助からしめたいということが、如来の十方衆生の御本願のおこころでありまして、親鸞聖人は、このやるせない如来の御本願がましませばこそ、自分がだんだん導かれて、遂に「至心信楽して、わがくにに生ぜんとおもふて、乃至十念せん」（二八）とある御言葉によって如来の底抜けの大悲心が聞こえて絶対他力のお力によって助かるという、その御本願のおこころが信ぜられて、ありがたや、南無阿弥陀仏、南無阿弥陀仏と申す身の上になったことは、何というありがたいことであるか、何という御方便であったことか。いよいよ『大無量寿経』のおこころ、即ち第十八願のおこころがわかって、今こそ親鸞は本当にお助けにあずかったという喜びにはいったと申されるのであります。

そこでお互いに、はっきり自分に自覚して、そういう道に進む人もありましょうし、知らず識らずそういう道にはいる人もありましょうが、わけは知っても知らんでも、初めから第十八の本願通りに信じて念仏称えて助かるというところへは行きにくいもので、だんだん聴聞して知らず識らず御導きに遇うて第十九願の御念力、第二十願の御念力で、遂に第十八願の根機に育てられて、そうして信ずるということによって助けていただき、南無阿弥陀仏、南無阿弥陀仏と念仏を喜ぶ身の上にさせたいというのが、もともと第十八願のおこころであります。

そこで、第十九願においては、菩提心を起こしてみてもいろいろの善根を積んでみても、これによってひょっとしたら来迎にあずかることができる、と安心しているようだけれども、それで本当に助かったというと、そこに不安が残らざるを得ないのでありますから、それが助かるということは未来のことということにならざるを得ぬのであります。二十の願もそうでありまして、念仏を申せば助けるという御本願でありますから、何にもできなくても、念仏を申しておれば、それが徳を積むということになるのだから、助かると思って安心をしておるようだけれども、どうしても現在においては助からないものでありますからして、助かるということはいつも未来ということにならざるを得ないことになるのであります。

だから我が聖人は、雙樹林下往生とか、難思往生という名をつけて、『大無量寿経』に説かれる第十八願のおこころをよくよく味わおうとされたのです。それは現生正定聚で、この生きておるときにおいて本願を信じ念仏を申せば仏になるとおっしゃったように、あなたのお与えの名によってでなければ助からぬわけでありますから、この御本願がましませばこそというわけで、全く助け取ろうというのが第十八願のおこころでありますから、このおこころを受け信ずるということによって、現在、正定聚となって、正しく助かるに違いないという身の上にさせていただくということであります。現在に正定聚の身とならしめらるる、ということが本願を信ずるという御利益であって、第十八の本願によって助かったということは、現在において正定聚の身の上にならしめられるということで、これを難思議往生とお示しになっておるようであります。そこまでにして育てていただけばこそ根機相応であります。何も助かるような能力のないものが、念仏を利用する、あるいは善根を利用するということは、本願に対する侮辱でありまして、煩悩のやまないありのまま、助かるようなことの何にもできないという私を、あなたのお力ばかりで助けてやろうということは、根機と本願とがここに相応して、正定聚の身の上にしていただくのです。正定聚にしていただいてこそ、涅槃の、成仏の幸せというものにも、あなたのお力によってして下さるという、安心と喜びを、現在にさせていただくことができる。それが如来の本願の正意というものであります。その第十八願のおこころを、あくまでも知らせたいということが、『大無量寿経』上、下二巻の説かれている所以であります。その人は現在に正定聚となって助かるのであって難思議往生という身の上になる。そこで十八が真実であって、十九、二十が方便である。その御方便は、第十八願のおこころから流れ出た方便であって、十九、二十の御方便の願があればこそ私どもが今日まで養われてお育てにあずかって、第十八の真実の願の根機とならしめられ、正定聚の身にならしめられるのである。このことが第十八願の正しく十方衆生の御本願の正意というものである。こういうことを知らして下さったのが、親鸞聖人の御一代の御苦労というものであります。四十八願の中でもこの三願だけ、十方衆生、十方衆生とならべてあるということも、それでこそ領くことができるのであります。そういうことを一つ皆さんに御注意しておきたいと思ってお話をいたしたわけであります。

もう一つこの三願のお話でいたしておきたいと思うことは、蓮如上人のお言葉でありますが、私は蓮如上人というお方は親鸞聖人の再来であるということを思っていつも申すことでありますが、学問のある勘のいいお方は、十八、十九、二十というようなことをお話しましても、その深き思召しが、詳しく言えば言うほど、なるほどと領けるわけでありますが、そうでない一般の人にあったら、十八なら十八だけにしておけばよいのに、十九、二十とややこしいことをお誓いになっていてますますわかりにくくなるようであります。十方衆生、愚かな者を皆助けたいといいながらますますわからぬことになれば助からぬことになるのであります。だから詳しく味わおうということは、わからぬものにわからせたいために、詳しく話すのであります。詳しく話せば話すほど、愚かな者はまごつくということにもなるのでありまして、実にそこの思召しに切ないお心があるのだろうと思うのであります。これを深く感ぜられたのが、私は蓮如上人だと思うのです。

親鸞聖人が『教行信証』という大事なお書物をお書きになって、十方衆生、どんなものもいやということができずに、御本願の思召しを受取らざるを得ぬようにならしめよう、ということが、あの大部の『教行信証』というものになったのであります。ところが読んでみると、力がないものでありますから、まごつくばかりで、子供が糸なぶりをしたようなもので、もつれて困るばかりであります。晩年になっていろんな仮名でお書きになったお手紙もありますけれども、これはまたありがたいし、わかり易いのだがかえってまた信ぜられないということで、私はいつもそう思うのです。われわれというものは古釘のようなもので、そのまま柱に打つと頭がまがる、こちらから打つとまたまがる、実に困り者であります。

蓮如上人は、御開山聖人が九十の歳までいろいろと御苦労下されたけれども、愚かな者にも、無論賢い者にも、みんなにわかるようにいたしたいということが、まだ十分にできあがらなんだために、蓮如上人という方がお生まれになったのであって、私は親鸞聖人の生まれ変わりだろうと思うのであります。

蓮如上人は、全く愚かなもの中心で、愚かな者にわからせようということで、一代苦労をしたとおっしゃるのですが、本当に赤子の手を引くように、乳をのますようにといいますか、百のものを十にし、十のものを一つにしてと言われますが、本当にそうであります。今この十八、十九、二十という本願のお話をするにあたりましても、思い出すのは、『御文』四帖目の九通でありますが、「疫癘のお文」というのがあります。毎度お話しておるのですけれども、ここでもう一ぺん新しく味わわしてもらおうと思うのであります。あのお文の終いの方には、

阿弥陀如来のおほせられけるやうは、末代《まつだい》の凡夫《ぼんぶ》罪業《ざいごう》のわれらたらんもの、つみはいかほどふかくとも、われを一心にたのまん衆生をばかならずすくふべしとおほせられたり。（九九七）

ということがあります。まあたくさんの人が死ぬ。死んだから泣くのも無理はないけれども、それより自分の助かることに眼を開けないと、死んだ者が犬死になるから、悲しいにつけても自分の眼を開けよという御親切な思召しであります。

「阿弥陀如来のおほせられけるやうは」これは本願ということであります。たったこれだけで第十八の本願を知らされたのです。仏教の言葉は非常に難しい言葉が多いのです。昔はそうでもなかったのでしょうが、現代の人々は、仏教で使う言葉は平生あまり使わぬから、平生使っておる言葉でわかるようにしてくれなければいかぬ、という声がなかなか多く聞こえてくるようであります。それはわかるのであって、私は特にそういう必要を感じておりながらも、そういうことが下手なのです。下手というよりも、ひょっとすると、なおさら『教行信証』のお言葉や、お経の言葉をそのまま引いたり言ったりしたくなってしかたがないのであります。少しそれをやり過ぎるという場合もありましょうが、といってあまり現代語によって簡略に言いあらわすということは、何か重味がなくなり、味が薄くなってどうも純金でなくなって合金になるような気がして惜しいのであります。もしうまくできれば現代語の表現ということも非常によいことだろうと思っておるのですけれども、それができないので、はなはだあなた方には御迷惑かも知れません。しかしそういうことに馴れてお聞きになっておられたら、その方がありがたくなってくるかも知れないと思うのであります。それは非常に難しいところでありますが、過去においてそれが一番上手にできておるのは蓮如上人だと思うのです。

蓮如上人のお言葉でも、なお古語であり、難しくていかんといいますけれども、現代人はあまり自宅にもおらず、難しい日本料理でなしに、みんなそこら中のうまい調味をかけて、ざっとみんなに食わした方がよいじゃないか、こういうような注文が多いのでありますが、すこしは苦労して聞くのもよいと思うのです。そんな小言ばかり言っておらずにと思います。なるべくわかりやすくして、硬いものをスープにして食わせたいといって一生涯の御苦労に成功したのが蓮如上人だと思うのです。

「阿弥陀如来のおほせられけるやうは」これは第十八の本願ということです。これなら小学校の生徒でもわかります。こんなことがよく言えたものだと思います。

「末代の凡夫、罪業のわれらたらんもの」この中に十九の願で、これだけ善いことをすると助けて下さるだろうというようなことを思って、上、中、下ありますけれども、自力の根性の去らない者、それどころでない、末代の凡夫であり、罪業のわれらたらんものです。十九の願もはいるのだぞ、二十の願もおゆるしになっておる。皆本願のおこころがわからず信ぜられずに善いことをしても、念仏を申しても、己れの手柄として助かろうと思っておる、怪しからんじゃないか。ときは末の代であり、機は凡夫であり、三百六十五日、十年でも三十年でも五十年でも罪業ばかりのわれらでないか。こんな善いことがありますから助かるであろうということが何もないじゃないか。末代の凡夫、罪業のわれらである。

「つみはいかほどふかくとも」罪はいかほど深くとも助かるのだ、だからよいのじゃ。これはうまいことを申されたものです。罪があってはならぬ、善きことをせねば助からないと思っているのが自力の去らない第十九願の人々ですから、そこに止まって、できぬできぬとなげいている者を誘って「罪はいかほどふかくとも」と申されたのです。罪はいかほど深くともとおっしゃるのは、何にもできない奴だ、助かる道というものは何もない、のみならず、悪いことは一杯ある、これが本願のおこころである。罪の深いのがよいということではないが、十方衆生と仰せられたからには罪が問題じゃないということです。

問題はただ「一心にわれをたのまん衆生をば」であります。一心にわれをたのむか、たのまないかにあるのだ。自力念仏の第二十願ではたすからないのであって、一心にたのむという信によってたすかるということを示して、「一心にわれをたのまん衆生をば」と、これが第十八願のおこころであります。

「かならずすくふべし」罪は問題じゃない。一心にわれをたのむ衆生は必ず救わねばおかんというのが、如来の第十八の御本願だぞ、と仰せられておるのであります。かならずは間違いなくということです。

「つみはいかほど深くとも」これは十方衆生ということです。「一心にわれをたのまん衆生」は、たのむ衆生ということで、即ち至心信楽欲生我国ということです。『教行信証』で、至心信楽欲生ということを聞いたら、えらい難しいけれども、それを「行者帰命の一心なり」とおっしゃったように、一心に帰命するという。帰命というのはどんなことじゃ、たのむということ。一心に帰命するとは、一心にわれをたのむということだ、信ずるということじゃ。若不生者不取正覚というのは、かならず救うべし。実にうまく訳されたものであって、憎たらしいと思うほどです。これより易い言い方はないのです。これほど、やわらかく知らして下さるということは驚き入る次第であります。

それでじっとみていると、皆自分の手許ばかりをたのみ、念仏を申しておるからいいと思ったり、あるいは善いことをしておるから善いと思ったり、菩提心を起こしておるからいいと思ったりするから安心できないのです。如来の手許をみれば、一心にわれをたのまん衆生をばかならず救うべし、と仰せられているのです。若不生者不取正覚、若不生者とあるのも死んでからでないということをちょっと申し上げましたが、皆、往生というように取っておる御宗旨もあります。又そういうように取っておる人もありますけれども、そうではなさそうであって、蓮如上人のお言葉を聞けば、一心にわれをたのまん衆生をば必ず救うべし、とおっしゃる。

この助けるとか、救うとかいうことはどういう意味かといえば、いつでも蓮如上人は南無というはたのむということ、信ずるというこころ、信ずる者は必ず救うということが阿弥陀仏ということである。それは死んでからのことではなくして、「たのむ」ということによっていただくところの御利益である。その御利益ということはどういうことかというと、摂取不捨の御利益にあうということである。たのめば必ず間違いなく摂め取って捨てないという誓いが、第十八願のおこころである。

助かるとか、救うということが、死んでから助かるとか救うとかいうことではなくして、現在において、如来の光明の中、如来のお手のうちに取られるということであって、仏のお手のうちに私が摂められるということである。

もう一つ例をあげて詳しく申し上げますというと、三帖目五通でありますが、

南無《なむ》といふ二字は、衆生《しゅじょう》の阿弥陀仏を一心一向《いっしんいっこう》にたのみたてまつりて、たすけたまへとおもひて、余念《よねん》なきこころを帰命《きみょう》とはいふなり。つぎに阿弥陀仏といふ四の字は、南無とたのむ衆生《しゅじょう》を、阿弥陀仏のもらさずすくひたまふこころなり。（九七〇）

その救うということはどんなことかというと、

このこころをすなはち摂取不捨《せっしゅふしゃ》とはまうすなり。（九七一）

必ず救うとおっしゃることは、必ず摂取不捨の身の上にしてやるということであるからして、ここに摂取不捨の喜びに落ち着くことができると、救うということを自ら説明をしておられるのであります。これは死んでからのことでなくして、ただいま摂取不捨の身の上にさせなければおかぬという御本願であります。そうさせようということが『大経』のこころ、第十八願のこころだということになります。

また四帖目の第十四通を見ますと、

まづ南無といふ二字はすなはち帰命《きみょう》といふこころなり。帰命《きみょう》といふは衆生の阿弥陀仏後生《ごしょう》たすけたまへとたのみたてまつるこころなり。また発願廻向《ほつがんえこう》といふは、たのむところの衆生《しゅじょう》を摂取《せっしゅ》してすくひたまふこころなり。（一〇〇一）

と摂取ということは救いたまうということである。親鸞聖人の御教えは、生きながら摂取不捨の光益にあずけしめられる、ということが御本願に遇うたということにほかならないのであります。無論、未来助かりたいのだけれども、未来助かるに間違いないということはどこできまりがつくのかというと、われを一心にたのまん衆生は、たのむ衆生となったら必ず救われるということでありますから、現在において助けられて、現在において摂取不捨の身の上になって、難思議往生の喜びを持つ身の上になるということにさせたいということが、阿弥陀如来の本願なんであります。だから救いということにおいても、それからだんだん救われて遂に涅槃成仏ということにまで達せしめずんばおかぬというのが第十八願の救いのこころであります。

そこで蓮如上人の、こういうやわらかなお言葉があればこそ、第十八願のおこころがたやすく愚鈍な私共にもわかるのです。十九、二十のようなところにひっかかっておるようなものをここへ立ち帰らずにおれないような具合いにして下さっておるということが、大変ありがたいということだろうと思うのであります。

三願のお話をいたしておりまして、特に中心の第十八の念仏往生の願という御本願のお話を終わるにつきまして、もう一つお話をいたしたいと思いますのは、善導大師の二河白道の譬喩でありま す。

聖人は『教行信証』の「信の巻」にこの全文をお出しになって、信心守護の文と言っておられるのであります。今日の時代としましても、極く古い昔の方の遺されたお喩でありますけれども、今日のわれわれにとって非常に適切なお喩かと思うのであります。

また、にしのきしのうへにひとありて、よばふていはく、なんぢ一心に正念《しょうねん》にして、直《じき》にきたれ、われよくなんぢをまもらん。すべて水火《しいか》の難におつることをおそれざれ。（二一〇）

これはこのお喩の中心のお言葉でありますが、これだけの言葉をもって第十八の本願を書きかえられたのであります。蓮如上人が、「阿弥陀如来のおほせられけるやうは」と書きかえられたと同じように、善導大師は、「なんじ一心に正念にして直にきたれ、われよくなんじをまもらん、すべて水火の難におつることをおそれざれ」と現わされたのであります。

これもなかなか御親切なことであります。これは二河白道の譬喩というのですが略して二河喩ともいいます。一人の人があって、西に向かって旅をする。百千里という大変に長い旅をする。忽然として河がある。その河は、真ん中にこちらの河岸から向こう岸まで白い道がある。その河の幅はあまり広くなく百歩ほどである。右に向かうと水の河がある。左の方には火の河がある。真ん中に細い四、五寸の道がある。後ろの方を見ると、この旅人は恐しい獣や、追剝、強盗というようなものに追っかけられておる。もう後ろへも帰れぬ、戦々恐々として西へ逃げようとする。ところが水火の河がある。旅人は非常に困って、横にも逃げることができないし、後ろへ帰ることもできないし、前へ行くこともできないという絶対絶命のところへ立ち至ったというのです。その文章の書き方がうまいので、

まさしく南北にさりはしらんとすれば、悪獣毒虫《あくじゅうどくちゅう》きほひきたりて、われにむかふ。まさしく

にしにむかひて、みちをたづねてゆかんとすれば、またおそらくはこの水火《しいか》の二河《にが》におちんことを。（三一〇）

横へも行けないが、後ろへも帰れないし、前にも進めない。

ときにあたりて惶怖《こうふ》すること、またいふべからず。（三一〇）

おそれおそれて困っておる相です。そこでつらつら考えたのです。

みづから思念《しねん》すらく、われいまかへらばまた死せん。とどまらばまた死せん。ゆかばまた死せん。（三一〇）

じっとしておっても殺されるし、後ろへ帰って行っても殺されるし、前へ行ったって水の河に堕ち込むか、火の河に堕ち込む。道が狭いからその道が、水の河は風が吹いて大きな波がジャブン〳〵と道を洗っているのです。火の河は南の風で火焔が燃えたっていて道の上を焼いておる。だからその水に溺れて死んでしまうか、火に焼かれて死んでしまうかしなければならぬというような、おそろしい二つの河が見えておるのであります。だから前に行っても逃げられないのです。

一種として死をまぬがれず。（三一〇）

一つとして死を免れるという見込みがない立場に立ち至って、この人は、もうしかたがない、ただ一つの希望は、前の方に、水の波は来る、火の風は来るけれども、道が一つあるから、幅は細いけれども一つの道がある。だから死んでも構わぬ。あるいはひょっとして助かるかも知れないから前へ行こうと決心をした、というのであります。

そのときに、自分の立っておる東の岸の後ろの方から人が勧める声を聞く。「仁者」は「なんじ」とか「きみ」と読んだりしておりますが、尊敬しておる文字ですが、あるいは中国の習慣かも知れません。

きみ、ただ決定《けつじょう》してこのみちをたずねてゆけ。かならず死の難なけん。もしとどまらばすなはち死せん。（二一〇）

じっとしておると死んでしまうから、一大決心をして、この道を尋ねて前に向いて行け、それが死ぬということを免れるたった一つの道である。こういう声が後ろの方から聞こえてくる。

それから又、向こうの岸の方から喚ぶ声がする。それが前に書いた言葉であります。

にしのきしのうへにひとありて、よばふていはく、なんじ一心《いっしん》に正念《しょうねん》にして、直《じき》にきたれ、われよくなんぢをまもらん。すべて水火《しいか》の難におつることをおそれざれ。（二一〇）

水に溺れ、火に焼かれて死んでしまうということを恐れて愚図々々せずに早く真っ直ぐに来い、とこういう後ろの声と前の人の声を聞いて、この人が決心して進んで行ってみると、不思議にもおそいかかるところの水にもさらわれず、火にも焼かれず、その水火の合い間合い間をうまく通ることができて、漸く向かいの岸に達することができた。そこで自分より以前に行っておる人と一緒に会うと、よう来たと言われ、大喜びをしたことであったと、こういう喩であります。

私はこんな適切な人生の喩はないと思います。人間一生の間に一ぺんや二へんは必ず絶体絶命のことがあります。これは親鸞聖人が細かく註釈をされておりますが、細かい註釈をすると混雑しますけれども、要するに生活の苦しみということであります。月給でも資産でもたくさんあってもどこかで取られてしまう。税金で取られるとか、子供で取られるとか、災難で取られるとか。愚図々々しておると死んでしまうというので、西に向かって旅をしておる旅人というのは、人間の生活状態です。西は如来の安楽な彼の国ということを表わすので、旅人というのは幸せになりたいと思って西に向かって行くということです。けれども、その途中に、いろいろと妻なり子なり友達なり、人生生活に自分が追われて、じっとしておればみんなから取られてしまうから、じっとしてもおれないという苦しさであります。そうして又追っかけて来る盗賊、毒虫、悪虫、悪獣にかぶりつかれるような災難も出てきます。この旅が幸せになるようにと思って西へ向かって行く旅だけれども、なかなか苦しいことばかりあって、どうにもこうにもこれは後へ帰れない旅であります。いやでも進み、いやでもやりぬいて行かねばならぬ旅ですが、右することもできず、左することもできないということがよく人生にはあります。この喩を合わしてありますが、水の河北にありということは貪欲ということである。自分の貪欲のために、苦しさに溺れて悔しかったり、心配であったりして困るのです。大体、人が貪欲で困るというけれども、こっちが貪欲でなければ問題はないのです。あるものを皆やればよいのですけれども、命もやったらよいですけれども、命も財産も貪欲なのは人というよりも自分なんであります。人が貪欲で困るといいますが、自分の貪欲が身を苦しめるということであります。

火の河南にあり、深さが底なし、とありますが、われわれの貪欲には底がない、もうこれでよいということはない。それがために底のない苦しみに襲われるのです。火の河は瞋恚でありまして、思うようにならないということが瞋恚となって、人を恨むことにもなり、人を殺してもというようなことになる。こういう貪欲のために悩むか、瞋恚のために悩むかして、その悩みが自分を殺してしまうというような切なさにせめられるということでありまして、帰るともまた死せん、止まるともまた死せん、行くともまた死せん、一種として死を免れずという、絶体絶命の苦しさ、この苦しさを死ということをもって表わせば一番よくわかるのです。どうしてみようもない、こういうのが人生というものです。これが凡夫の人生といい、人間の生活というものです。けれども、それだからといって困っておらねばならぬということではなくして、そこに一つの道が人生には開けておるのだぞと、こういうことなんです。

それは念仏の大道ということである。本願の一道ということである。この道よりほかに助かる道が人生にはないということを知らしておられるのです。第十八の本願の道一つがある、これを知らなければ、身は生きておっても心は死んでしまうのです。

東の岸に人の勧める声を聞くというのは、これは姿は見えないけれども声だけがあるということで、『大無量寿経』をお説きになった釈尊の教えということであります。釈尊の教えというのは、第十八の本願を信ぜよとの教えであります。その教えを指して、なんじ決心して前に進め、助かる道があるから死にはせぬとおっしゃるのであります。また西の岸の上に人ありて、というのは阿弥陀如来を表わすのであります。「人ありて喚うて曰く、なんじ一心に正念にしてじきにきたれ、われよくなんじをまもらん」だから水も火もすべて何の禍いに堕ちるということも恐れず来い。必ず我はこの汝の一生を護らん。「百歩」ということは人寿百歳ということだと仰せられています。貪欲、瞋恚の切なさの百年の人生生活というものを渡る道が、ここに一つあるのだということを知らして下さったのであります。

この喩は、太平無事の時代に聞きましてもその通りですが、人生生活の中にはそういう場合があり、又幸福にいっておるような生活でも仔細に考えれば、そういうところにいつもあるものなんであります。いかに鈍感であっても、ある場合にはそういう現実に接することがあるものです。今日の人生の旅のしにくさ、不安さ恐ろしさのために、人を殺したり、不正なこと、悪いことをしてしまうというのもすべて、こういう一つの道が見い出されないということから起こるのでありましょう。それは生きる道ではない、死ぬる道であります。生きる道はたった一つあるのであって、それは第十八の本願の道というものを顕わされたのが、なんじ一心に正念にして直に来れ、われよくなんじをまもらんということであります。

善導大師で言うと、念仏を申せば助けたまうぞ、この世で助からんでも未来で助かるといって、そういう言葉で勧められたのであります。これはいつも申します『観経』を中心として勧められたのが善導大師であります。だからそういうように味わいやすいのであります。親鸞聖人はそうではないのです。

昔私のおさない時に、うちの本堂でお説教者さんがお話をするのを聞きました。そのときこのお喩を出して、「なんじ一心に正念にして直にきたれ、われよくなんじをまもらん」と中啓なんか開いて、よい声でいわれる。お爺さんお婆さんが、南無阿弥陀仏、南無阿弥陀仏とよろこんでいるのです。私は本当にそんなことがあるのか知らんと思ったことがあります。その言葉はちょっと耳にはいりやすい、あまい言葉ですから、みんながお念仏を申して、お念仏さえ申したらよいと思って、念仏宗でもそういっておる宗旨もあるそうであります。「なんじ一心に正念にして直にきたれ」と、清盛が西へ入ったお日様を日の丸の扇で喚び返したように喚んでおられる。その河向かいの声を聞いて、「われよくなんじをまもらん」と言ってあるから、南無阿弥陀仏、南無阿弥陀仏といっておったら助かるのだ。今は苦しいのだけれども、将来助けていただくということを楽しみにして、今生は念仏を申しておけばよいのだ。まあ五割というか七割というか、そういうようなところで皆喜んでおるものであります。

親鸞聖人は、これが第十八の本願のおこころであるといって、一字々々、一句々々説明をして下さっておるのであります。これを今皆さんに御紹介をして、十八願のおこころをもう一つはっきりしようと思うのです。

勿論、親鸞聖人のおっしゃるのは、自分が味わったことはもとより、善導大師の御本意はそうなんだけれども、そのこころを皆が取り違えておるからということなんであります。ただ一般人によくわかるように、『観経』のおこころをもって念仏を勧めておられるのだが、本当のおこころはこういうことであるというので、「善導独明仏正意」と申され「善導ひとり仏の正意をあかせり」

（一九四）とある通りで、仏様のおこころを本当に知らして下さったのが善導だとおっしゃるのですから、私の味わうことは善導大師の本当のおこころなんだという自信であります。

それは「信の巻」のここのところの最後の方を見るとわかりますし、それから晩年に、一番大切にお作りになった『愚禿鈔』というお書物がありますが、難しいお書物ですが、それにも善導大師の二河喩の味わい方を一々詳しく書き遺しておられるのです。その『愚禿鈔』のおこころを皆さんに御紹介しておこうと思うのであります。

にしのきしのうへにひとありてよばふていはくといふは、阿弥陀如来の誓願《せいがん》なり。（五〇〇）

こうはっきりと言われています。蓮如さんだけがうまく言われたのでなくて、すでに先輩の善導大師が言っておられるのです。「なんじ一心に正念にして直にきたれ」とあるのですが、一心と言われたのは真実信心ということである。

一心の言は真実の信心なり。（五〇〇）

心を堅くしたり身を堅くしたりすることではない。一心というは信心だ。蓮如上人のお言葉でいうならば、「罪業のわれらたらんもの」（九九七）「われを一心にたのまん衆生をば」（九九八）という、たのみたてまつるそのお心を一心という。

正念《しょうねん》の言《ごん》は選択摂取《せんじゃくせっしゅ》本願なり。また第一希有《けう》の行《ぎょう》なり。（五〇〇）

希有の行というのは、仏法の上では大事な行だということなんです。大乗仏教を通じて、希な行ということは最上の行ということなんです。南無阿弥陀仏と称えることではあるのだけれども、称えておりさえすればということではなくして、選択摂取の本願なり。南無阿弥陀仏と称えることによって助けたいというのが第十七の本願でありますから、阿弥陀如来の御本願から出た御本願の行でありますから、第一希有の行、といわれるのです。といって、一心を離れては希有の行でないということが示されておるのであって、一心に正念にしてとおっしゃったので、即ち第十八の本願は至心信楽欲生我国でありますが、この三信を一言にすると、「行者帰命の一心なり」信ずればこそたのむのであります。たのんだのが本当に信じたのでありますから、信じた上からこそ乃至十念と南無阿弥陀仏、南無阿弥陀仏と申されてくるのであります。ただ申してさえおけばよいという御本願ではないのであって、何にもできないもの、罪業のわれらたらんもの、罪はいかほどふかくともとおっしゃるのですから、助かるような仕事は何にも持ち合わせもなく、できもせぬという者には、あなたの方からものを出して助けようというおこころよりほかはないのです。自分が持ったかららいのじゃなくして、まるまるあなたの御廻向、あなたの御他力によってもたされた、ということをなんであります。だから南無阿弥陀仏と称えれば助くるというお言葉によって、何にもない私を助けてやるとおっしゃることに目を開かせたいのであります。善いことをしたからこれでよかろう、称えたからこれでよかろう、突き銭をして渡し舟で渡してもらうということではない。願も行も皆お与えということです。願があればこそ信ずるようになれたのであり、たのむ心が起こるのだから、信も行も皆仏様のものであって、遂に私どもへ渡って下さったればこそ一心となることができたのである。「一心に正念にして」とおっしゃったことは真実の信心ということであって、信心の上からは、いやでも応でも南無阿弥陀仏と喜んで称えるようになったのが正念ということであるから、一心を離れた正念というものは本来ないのです。逆に言えば、正念ということには必ず一心がはいっておるのだから、称えるということに力を入れることは間違ったことである。あなたの本願の尊さに打たれて、南無阿弥陀仏、南無阿弥陀仏と称えられてくるのだから、一心というのは、信心ということであり、正念ということはそこから流れ出た希有の行ということである。だから至心信楽欲生我国乃至十念ということを、「一心に正念にして」とこうおっしゃったのであります。

直の言《ごん》は方便仮門《ほうべんけもん》をすてて如来大願《だいがん》の他力《たりき》に帰《き》するなり。(五〇〇)

とあります。われわれは第十九の願のように、菩提心も起こしたり、善いこともたくさんして、そうして助かろうとする者は、と書いてあるのは仮門であり、また念仏を申せば申した効能によって助かると二十の願に誓われたのも仮門である。そういう方便の仮の門に引っかからずに、それを捨てて如来の大願他力に帰せよと申されるこころであって、お前の手許に目をくらまされずして、他力をたのみたてまつれよ、ということであります。

来《らい》の言《ごん》は……報土《ほうど》に還来《げんらい》せしめむとおぼしてなり。(五〇〇)

報土という言葉があるのですが、蓮如上人は報土も浄土も一緒に使っておられますけれども、報土ということは摂取の光明の行き届いておる、そういう光の御国ということであって、言い換えれば摂取不捨の身の上になれよということであります。報土に還り来たらしめんとおぼして直ちに来たれとおっしゃったことであります。河向こうから手前の方へ、扇でもあげて、わしの足許へ早く来いとおっしゃるように解して、南無阿弥陀仏、南無阿弥陀仏と申して早く向こう岸へ行こうと思うことのように取り易いのですが、そういうことではない。「他力の大願に帰して」、そうして如来の御光の中に入るということであって、言い換えればその御光のある道の上に自分が出るということであって、向こうへ行くということではない。とおいつして惑っておるのがその他力の白道の上に踏み込んで行く、言い換えれば摂取のお光明の内住まいの身の上になれよということであって、かるが故に、われよくなんじをまもらんとあるのであります。

我《が》の言《ごん》は尽十方《じんじっぽう》無碍《むげ》光如来《こうにょらい》なり。（五〇〇）

とあり、ただ阿弥陀如来とおっしゃらずに、尽十方に碍りなき光の如来ということである。摂取心光常照護であって、あなたのお心の光が私を護って下さる身の上になるということでありますから、われよくなんじをまもらんと仰せられたのです。

能《のう》の言《ごん》は不堪《ふたん》に対するなり。疑心《ぎしん》の人なり。（五〇〇）

能くということは、いろいろ説がありますけれども、疑わしいことではない、必ず、きっとということである。

護《ご》の言《ごん》は阿弥陀仏果成《かじょう》の正意《しょうい》をあらはすなり。（五〇〇）

阿弥陀如来が本願を立てて兆載永劫の修行をして、阿弥陀如来とならせられたのですから、その阿弥陀如来のお仕事はというと、汝を護らんということである。こういうお互いがこの世界におって貪欲をやっては苦しみ、瞋恚を起こしては苦しみ、三毒の煩悩があるから、その煩悩からいろいろなことをやっては心に悩み、身に苦しみ、永久の暗闇におる。永久に不安に襲われて安心の喜びがないものを、我よく汝を護らんと護りたまうことです。一心に正念にして如来の大願に帰したその者を必ず護るということですから、摂取して捨てずということであります。阿弥陀如来の果成の正しき御意は、私どもをこの世において護らんとし、引き受けんとなさっておるのが第十八願の正意というものであります。親鸞聖人は、重ねて、

また摂取《せっしゅ》不捨《ふしゃ》をあらわすの貌《かおばせ》なり。(五〇〇)

とおっしゃいまして、護るということは摂取不捨ということを表わすのだ、貌は模様、護る模様は、摂取心光常照護で照らし護らしめたまうということである。昔の解釈では、護るということは、子を産みつけた魚が、他の魚に食われないように護ることである。ほっとけば貪欲がひどくなったり、瞋恚の病気になって死んでしまうかも知れぬ、そういうことに遇わさないように、ただいまから摂取して捨てずという功徳力を我々に下さるということが護るということであります。

すなはちこれ現生護念《げんしょうごねん》なり。(五〇〇)

護るということは、是非とも現生でのことであって決して死んでからのことではない。生きておる間、現生に護念せられるのであると、はっきりと明言しておられる。ひょっとすると、死んでから護るというようなことに思っておられるけれども、現世から護り下さるということであるから、『阿弥陀経』の六方段の六方諸仏が護りたまうということも死んでからということではない。この世の人生生活において絶対絶命というときにただ一つの助けたまう道があるぞ、その道に出さえす

れば必ず現生、この世から護りたまう。ただ護るといって、お金をくれるとか、病気を治すとか、また家庭の喧嘩が仲直りをして和合するという位のことでなくして、正定聚にならしめ、仏にならしめ、大涅槃の至上目的にまで進むように、ただいまから護らしめたまうということである。われわれの願っておる護りと少し筋が違う場合があるかも知れませんが、とにもかくにも、ただいまから我が手に取って護るということが第十八の本願のこころ、阿弥陀如来が仏になられた所詮というものである。こういうことをしっかり知れよ、ということであります。それが何によってなるかというならば、一口に言えば南無阿弥陀仏、その南無阿弥陀仏で助けようという本願を聞いて本願をたのましめて、御引き受けにあずかったという摂取不捨の身の上になったならば、その助かった喜びを南無阿弥陀仏、南無阿弥陀仏と称えてお礼を申す。それがすべて死んでからのことではないことを知らされたのが善導大師であり、それが本願のおこころと申すものであるぞと知らして下さったのが、親鸞聖人の味わい方であります。

著者略歴

蜂屋賢喜代（はちや　よしきよ）

1880年　9月10日大阪市東区谷町慶徳寺《きょうとくじ》に生まれる。
1905年　東京巣鴨、真宗大学本科（現大谷大学）卒業。
1918年　雑誌『成同』を刊行し布教・伝道活動展開。
1924年　大阪天王寺の光照寺の住職となる。
1964年　12月13日　84歳逝去。

著書

『人間道』『仏天を仰いで』『病める人へ』『歎異鈔講話』『蓮如上人御一代記聞書講話』『正信偈講話』『苦の探究』『四十八願講話』等

新装版　四十八講話　上

一九八〇年　二月　一日　初　版第一刷発行
二〇一八年　七月二〇日　新装版第一刷発行

著　者　蜂屋賢喜代
発行者　西村明高
発行所　株式会社　法藏館
京都市下京区正面通烏丸東入
郵便番号　六〇〇－八一五三
電話　〇七五－三四三－〇〇三〇（編集）
　　　〇七五－三四三－五六五六（営業）

装幀　山崎　登
印刷・製本　亜細亜印刷株式会社

ISBN 978-4-8318-6554-0 C3015

乱丁・落丁本の場合はお取り替え致します

新装版 正信偈講話 上・下	蜂屋賢喜代著	一、八〇〇円
聞法の用意〔校訂版〕	蜂屋賢喜代著	一、四〇〇円
法蔵菩薩	曽我量深著	二、三〇〇円
真宗の願目	曽我量深著	二、三〇〇円
往生と成佛	曽我量深・金子大榮著	二、八〇〇円
金子大榮 歎異抄	金子大榮著	一、六〇〇円
四十八願講義	金子大榮著	一、八四五円
金子大栄講話集 全5巻	金子大榮著	一五、〇〇〇円
願心荘厳	安田理深著	二、二〇〇円

法　藏　館

価格税別